なぜ、この芸人は売れ続けるのか？

芸能記者
中西正男

一流芸人25組の知られざる生き様

マキノ出版

はじめに

はじめまして。芸能記者の中西正男《なかにしまさお》と申します。

「中学、高校、大学とラグビーをやってきました。そこで経験したものを御社で活《い》かしたく……」

そんな志望動機らしきものをでっちあげ、デイリースポーツに入社したのが1999年の4月です。そこから、スポーツの取材を一度もすることなく、大阪報道部の芸能担当として日々、取材を続けてきました。

その後、2012年10月からは芸能リポーター・井上公造《いのうえこうぞう》さん（304ページ参照）の事務所に移り、自分が出演者として、テレビやラジオに出してもらう仕事も加わりましたが、なんだかんだ、今も変わらず24年にわたり、お笑いの取材を続けています。

もう、ありとあらゆる芸人さんと話してきました。しこたま酒も飲んできました。

それでも、飽きが一向に来ません。芸人さんと接すると、日々、ウソみたいに新鮮で、ウソみたいに心震える瞬間に出くわします。

芸人さんとはどんな職業か。これには僕なりの答えがあります。

「空気をつかさどる仕事」

その場の空気、もしくは世の中の空気を読む。そして、次の一手を打ったときにどんな空気になるのか、そこの流れも読む。そして、正解を出し続ける。

これが売れっ子芸人さんが日々、やっていることだと僕は考えています。

たとえば、

「親が死んだ人に、なんと声をかければいいのか」

そんなミッションにも、最適解を出し続ける。それが芸人さんのすごみだと思います。

なぜなら、僕はこの身でそういった言葉を、行動を直接、これでもかと受けてきたからです。

実際、ガダルカナル・タカさん（104ページ参照）は、僕が父親を亡くしたとき、一生忘れられない言葉をくださいました。

桂米朝《かつらべいちょう》さん（94ページ参照）は、芸人である前に人間として何が大切なのか。ホテル阪急インターナショナルのエレベーターの中で見せてくださいました。

「メッセンジャー」あいはらさん（164ページ参照）は、相方さんが逮捕された夜、コンビとはなんたるかを、ひと言で教えてくださいました。

芸人さんの世界には、その世界でしか咲かない青いバラがあると感じています。優しく、愛に溢《あふ》れながらも、切なくて、哀《かな》しい。その特別な大気の下でしか咲かない花。

芸人さんでもない人間が、たまたまその近くを歩き回っていたがために目にした、その美しい輝き。

これを残しておくのは、奇特な生き方をしてきた自分の使命でもあります。

僕もだんだんエエ歳になってきて、そんなことを考えていたなか、「そんなことを本にしてほしい」という、ありがたいお声がけをいただきました。

48歳になった自分が、お笑いの本を書いているとは夢にも思いませんでした。ただ、それも人生。縁の力のなんとすさまじいことかと、ありがたさが身に染みております。

出版という場をいただけたこと。いただけるような自分の来し方にしていただいたこと。そして、この本を手に取ってくださるかたがいらっしゃること。

小籔千豊《こやぶかずとよ》さん（204ページ参照）の言葉を借りれば、「先祖に感謝」ということになるのかもしれません。

とにもかくにも、ありったけの感謝を申し上げたうえで、本編に入らせていただきます。

中西正男《なかにしまさお》

なぜ、この芸人は売れ続けるのか？　目次

EPISODE 01

西川きよし「鋼の意志」

吉本興業のトム・クルーズ

「西川《にしかわ》きよしですぅぅぅ！」

この文字配列を見た人は、自動的に音声と画像が浮き上がってくると思います。両こぶしを握り、目を見開き、全身に力をみなぎらせる。そのポーズがきよしさんのパブリックイメージだと思いますが、それはイメージに留まらず、実像でもあります。

出川哲朗《でがわてつろう》さんが24時間、ザリガニを鼻に挟んでいるようなものです。そんなもの、正気の沙汰《さた》ではありません。

「そのトーンで１日暮らしたら2万円あげる」。そう言われたらできる人もいるかもしれませんが、それを３６５日、60年続ける。これはできることではありません。

何があっても常に神対応。ファンサービスの権化ともいわれるのがトム・クルーズさんです。来日する度に、これでもかと丁寧にファンサービスをし、疲れた顔、イヤ

な顔、よたった顔を一切見せない。常にカッコよく、優しく、セクシーなトム・クルーズ。それを保つのがスターの役目。彼は、そう強く心に決めてらっしゃいます。まさに、ハリウッドの西川きよし。否、逆に、きよしさんが吉本興業のトム・クルーズなのか。いや、やっぱりきよしさんのほうが先に生まれているわけだからトム・クルーズがハリウッドの西川きよし……。

そんなネバーエンディングストーリーはさておき、とにもかくにも、オンとオフの境目が見えない。これがスターの証であることだけは間違いありません。

ただ、それを「頑張って作っている」。その空気がわずかでも感じられた時点で、すべては水泡に帰します。

しかし、僕は今に至るまで一度たりとも〝ウラきよし〟を見たことがありません。〝ダークきよし〟も〝キラーきよし〟も〝デビルきよし〟も、その欠片《かけら》すら見たことがありません。

きよしさんへの世間のイメージといえば、真面目、丁寧、礼儀正しい。そういった領域だと思いますが、実際に取材をしていても、その領域から足を踏み出した姿を一度たりとも見たことがありません。まさにイメージのままです。

もし、仮にイメージを保つために、きよしさんが頑張って、頑張って、その領域に自分の身を収めているとしても、あそこまで徹底してそれをやり切るのは本当にすごいことです。芯《しん》から、真面目、丁寧、礼儀正しいのだと思います。

ヘレン夫人に捧げたブランコ

きよしさんには幾度となくインタビューをさせてもらいました。取材をし、原稿が紙面に掲載されると、親子ほど年の離れた僕などにも、それこそ、丁寧に御礼の電話をいただきます。

「西川です！　紙面を拝見しました！　エエ原稿にしてもらって、本当にありがとうございます！」

こちらが恐縮するほど、本当に丁寧で、力みなぎる御礼の電話。ただ、その電話がかかってくる時間が朝6時。新聞を見て「少しでも、早く御礼を伝えなければ」という思いからのお電話なのでしょう。

朝6時に携帯電話に〝西川きよし〟という文字が着信として表れたので、こちらは寝起きバリバリながら、大人としての精神レベルとテンションを数秒でＭＡＸにまで急上昇させて、電話に出ます。

恐らく、ヒートショックばりに、体には負荷がかかっていたのかもしれませんが、どこまでもありがたいお電話でした。


僕が毎週レギュラー出演しているＡＢＣラジオ「ウラのウラまで浦川《うらかわ》です」で、きよしさんの伝説を話したことがありました。

すると、生放送中、番組プロデューサーのところに、きよしさんから電話がありました。

「わざわざ話してもらって、本当にありがとうございます。また、エライ、エエように言うていただいて。ホンマにね、いろいろな人からすぐ連絡があって、これはもうありがたいことやなと思いましてね。それで言うたらね……」

当然、生放送中。番組は続いています。パーソナリティーの浦川泰幸《うらかわやすゆき》アナウンサーとパートナーの塩田《しおた》えみさんに番組は任せて、僕はプロデューサーから電話を代わり、きよしさんとの会話に全力投球。無論、どこまでもありがたいお話です。

そして、そんなユーモア話ばかりではなく、僕がきよしさんから直接うかがったお話で、今、思い出しても心が震える話があります。

だからこそ、この人は売れた。そう強く思ったのが「ブランコの話」です。

ヘレンさんへの感謝の思いを訊《たず》ねるインタビューだったのですが、この「ブランコの話」には優しさ、思いの強さ、やり切る力……。きよしさんのあらゆるものが込められている気がしています。当時の取材メモを、以下に再録します。

「昭和21年10月6日、京都に家内は生まれました。お父さんはアメリカの人。ヘレンが産まれてから、アメリカに帰った。そこからは、お母さんが一人で育てました。

お母さんは和裁の仕事をしてまして、幼いヘレンの手を引いてバスに乗って、できた着物を届けに行っていたそうです」

「車内で、ふとヘレンを見ると、二の腕が血まみれになっている。乗り合わせたお客さんが、お母さんに見つからないように、ヘレンの腕をギューッとつねってたんです。皮膚が破けて血が床にしたたるくらいに」

「戦争で身内を亡くしたかたがたくさんいるなか、歴史ある京の街をヨチヨチ歩く、目を引く小さな女の子。僕も、戦争で身内を亡くした立場だったら、もしかしたら、そうしていたのかもしれません。そういう時代だったのかもしれません」

「小学校に行っても、ブランコにヘレンが並んでいると、順番が来たところで、『お前はアメリカのブランコに乗ってたらエエんや』と言われて突き飛ばされる。学校では、泣く場所が決まってたそうです。誰も来ない、焼却炉の裏」

「だから、結婚して、家内のことを深く知れば知るほど、僕がやすしさん（横山《よこやま》やすし）とのコンビで悩んでいることなんて、本当になんてことないもんやと、痛いほど思いました。それと同時に『絶対に、この女を幸せにする』とも思いました」

「やすしさんと組んで、お仕事をいただけるようになって、大阪・堺《さかい》に最初の家を建てることができました。小さな庭でしたけど、僕がまず買ったのがブランコでした。『これは、お前だけのブランコや。朝から晩まで、好きなだけ、乗ってたらエエ』と言ったのを覚えています」

家族の絆《きずな》。手あかがつきまくった言葉でもありますが、改めてその言葉の意味と深さを考えさせられました。

ご先祖様とともに見守った長男のプロポーズ

家族の話でいうと、僕がデイリースポーツに所属していたときは、きよしさんの連載担当をしていたこともあり、大阪・箕面《みのお》のご自宅に何度かお邪魔しました。入社2年目、20代半ばの若手記者の頃に、初めてきよしさんのお宅に行かせてもらいました。ヘレンさんに出してもらったシュークリーム。今でも僕が人生で食べたすべてのシュークリームのなかで、いちばんおいしい物でした。

どこのお店の物かはわかりませんでしたが、「人生に成功した人は、こんな物を常食できるのか！」と、味蕾《みらい》のみならず、脳のあらゆるスポットが刺激されたことを強く記憶しています。

そんな思いをシューとともに噛《か》みしめていると、きよしさんがポツリ。

「忠志《ただし》がお嫁さんにプロポーズしたのも、この家の仏壇の前やったんです。『ご先祖様に見てもらう』言うてね……」

仏壇のほうを向きながら、長男の西川忠志さんが結婚したときの思い出話を、うれしそうに話すきよしさん。

「相手の女性、絶対、断られへんやん！」

そんなツッコミが頭をよぎった瞬間、きよしさんから出る〝これは尊いことオーラ〟に焼き尽くされる。

そんなやり取りの香ばしさを超高級シューのクリーミーさで相殺《そうさい》していると、きよしさんの横に座っていた忠志さんも、満足げに目を潤ませています。

忠志さん、きよしさん、そしてご先祖様。

鏡の中に人が映り込み、それが奥の奥までズーッと連なっている。そんな構図のように、西川家の思いが受け継がれてきたサマが可視化された気もしました。

そんなことを考えながら、見るともなく見ていた仏壇の線香。

きよしさんが熱弁をふるっている後ろで細い煙を上げて役目は果たしつつ、ほとんど長さが変わりません。ほぼ灰にならず、本体部分が屹立《きつりつ》しています。

「小さなことからコツコツと！　負けへんでぇ！」

その精神は線香にも引き継がれていました。

エピソードは、まだまだあります。

ゴルフなのに豪雨。空を見て握りこぶしを握ったら雨が止んだ。

漫才ブームで売れたと思った瞬間は、「そうですね、朝に家を出たら女子高生5人が僕の車を洗ってたときですね」

寝起きドッキリで月亭八光《つきていはちみつ》さんの家へ。寝起きドッキリなのに声が大きい。中に入って『八光君、よう頑張ったな。こんな立派な家に住んで』とシャウト。机の上の財布を見つけ、中を見ることをスタッフから促されるが、「人の財布なんて見た

ら　アカン！」

芸歴50周年記念公演の会見。これまでを振り返って感極まり、開始19秒で号泣。

どんな困難も鋼の意志の力で乗り越えてきた。それなのに、唯一負けたのが、手術を受けた際の全身麻酔。

毎日放送の人気番組「吉本陸上」。負けチームには昼ご飯なし、という罰ゲームだったが、「かわいそうやないか」と、ヘレンさんお手製の豪華弁当を配る。

……もう、自分で書いていて疲れてきました。

どこまでも西川きよし。切れ目なく西川きよし。永遠に続く西川きよし。メビウスの輪ならぬ〝目ビウスの輪〟です。

船酔いならぬ、きよし酔いで筆を置く48歳。

西川きよし

1946年生まれ、高知県出身。吉本興業所属。1963年、喜劇役者・石井均氏に弟子入りしてキャリアをスタートさせ、その後、吉本新喜劇に出演。66年、横山やすしと漫才コンビ「横山やすし・西川きよし」を結成。漫才ブームの波に乗って人気が爆発し、「プロポーズ大作戦」（朝日放送テレビ）や「スター誕生！」（日本テレビ系）といった多数のバラエティ番組で司会を担当。「上方漫才大賞」で67年に新人賞、70年、77年、80年に大賞を獲得。個人として2006年に文化功労賞、17年に旭日重光章を受賞。20年には、漫才分野から初の文化功労者に選出された。

EPISODE 02

上沼恵美子「天才も人間」

M-1騒動後の収録で放った切れ味抜群の名言

お笑いは男性優位のスポーツです。

お笑いを取材して24年が経《た》ちましたが、この原稿を書いている2022年秋現在、お笑いはまだまだ、男性が得になるように作られています。

いい悪いではなく、たとえば男女のラグビー日本代表チームが対戦したら、確実に男性が勝ちます。それくらい、お笑いは圧倒的に男性有利の競技です。

それは、これまでお笑いで天下を取ってきた人の顔ぶれを見れば明らかです。女性芸人の大会「THE W」はありますが、男性限定の大会はありません。


しかし、この基準から唯一はみ出している人がいます。

上沼恵美子《かみぬまえみこ》さんです。

天才なんて言葉を安易に使うような乱暴なことはしたくはありません。しかし、「ここで使わないと、もう使うところがないよ」という兄弟漫才師「酒井《さかい》くにお・とおる」的世界観を拝借するまでもなく、天才という言葉が心底妥当だと思うのが、上沼さんです。

上沼さんとは、読売テレビ・中京テレビ「上沼《かみぬま》・高田《たかだ》のクギズケ！」で7年ほど前から現在も、ご一緒させてもらっています。

そこで、天才にしか投げられない球を真横で見てきました。

66歳、女性。しかし、その身で１６０km／hのストレートを投げ続ける。女子プロ野球でもない、マスターズリーグでもない。現役バリバリのプロ野球のスター選手。それが女性である……。こんな奇跡を、毎回、現場で目の当たりにしています。

忘れられない瞬間があります。

２０１８年「M-1グランプリ」の大会後、ある出場者が酒に酔った状態で行った動画配信で、上沼さんを揶揄《やゆ》するような発言があり、それが大きな騒動になりました。

騒動から数日後に収録された「クギズケ！」には、大きな注目が集まりました。読売テレビの周りには多くの報道陣が詰めかけ、物々しい雰囲気が漂います。

僕は、番組のお世話になってから数年経っていましたが、そんな空気の中の収録は間違いなく初めてでした。

そんな状況にもかかわらず、その日の収録は、爆発的に面白かったと断言できます。上沼さんが投げたのは、すべてど真ん中の160㎞/hストレートでした。思いもよらぬ形で巻き込まれた騒動。そこから派生する世間のあらゆる目。そういったものへの無言のメッセージが、火の出るようなストレートに込められていた気がしました。

僕が心の底から震えたのは、番組の最後でした。出演メンバーと飲みに行く話になり、ゲストの若手漫才コンビ「祇園《ぎおん》」が「今度、飲みに連れて行ってください！」と上沼さんにリクエストをしました。それに対し上沼さんは、「ぜひ！　ぜひ！」と笑顔で答えつつ、そこからサッと声のトーンを変えて、

「でも、若い漫才のかたのグデングデンは嫌い！」

と切り捨て、スパッと番組を締めたのです。

剣豪に斬《き》られると、斬られた側が気づかない。そんな逸話は歴史上の話としては聞いたことがありましたが、それを実体験した思いでした。

騒動をネタにする度量。芸人としてのプライド。圧倒的な腕。鮮烈なオチをつけ、

事もなげにスタジオから出ていく。心を震わせるな、というほうが無理な話です。

テレビとラジオの脳を同時回転させる技量

上沼さんからは、お仕事でありながら、毎回、あらゆる財産をもらってもいます。ただ、毎回、本当に疲れます。

その理由は明白です。テレビの脳とラジオの脳、2つを同時にフル回転させているからです。

テレビ番組ですから、モニター画面に映し出された芸能ニュースのあらましを、テキパキと説明していく。そんな段取りがあります。自分に与えられた役割をコンパクトに果たしていく。これはこれで、テレビ的な馬力のいることです。

一方、扱うニュースは定まっていても、上沼さんがそれをどう料理されるのか。もしくは、どんなドリブルから、どんなシュートを打ち込むのか。それは、その瞬間までわかりません。

芸能人カップルの家庭不和。そんなニュースからいきなり、「で、中西さんの家ではどうなん?」と聞かれることも多々あります。

ここでフル稼働するのはテレビ的な脳ではなく、ラジオ的な脳です。〝ウソやごまかしのないリアルな話〟を瞬間的に返す。それに対して、上沼さんがごまかしのないラジオの言葉で笑いを広げていく。

テレビの〝華〟とラジオの〝実《じつ》〟。広い舞台を走り回り、センスありきのオリジナルシュートを打ち続ける。並走するだけで普通はヘロヘロです。

ただ、こちらへのイジリがもし何かしらパス役になっているならば、光栄極まりないことです。ファンタジスタからパスをもらって、その後のシュートにつながる。

これをイヤと思うメンタルがあるわけがありません。


番組プロデューサーや懇意にしているスタッフさん経由から、上沼さんが言われたことを聞き、ハッとする場面があります。

「先月の収録、夫婦にまつわるアンケートを紹介するコーナーのところで、中西さんのご夫婦のことでちょっとキツイ言い回しをして、『気を悪くされてないかしら?』と気にかけてらっしゃいました」

そんなやり取りあった? 言われた僕も覚えていないような言い回しにまで向き合

う高精細センサー。

この精度がダイナミックな面白さの根っこを支えている。これも近いところにいてわかったことでした。

M-1審査員辞退に胸中が揺らいだときに……

その高精細さがつらさに出ることもある。その最たるものが「M-1グランプリ」の審査員だと思います。

「M-1」は2001年の第1回、1回戦から取材してきましたが、力のあるスターを生み出す素晴らしいシステムです。

道場でのケンカは強いが、華が伴わずなかなか世に出られない。そんな藤原喜明《ふじわらよしあき》的芸人さんがスターになる。「ブラックマヨネーズ」しかり、「サンドウィッチマン」しかり、あのシステムがなければ、どこまで世の中に刺さっていたのかわかりません。

この、芸人さんの人生を大きく変えるシステムの核になっているのが、審査員です。とんでもなく注目されるがゆえに、言い尽くされた言い方ですが、「審査員が審査される」という状況が生まれています。

実名は伏せますが、東京で活躍する超売れっ子芸人さんと「M-1」の審査員の話をしたことがあります。

「ギャラが10億ではやらない。100億円ならやるかもしれませんけど（笑）」

冗談めかして話していましたが、翻訳すると「何があってもやらない」ということにもなります。

かねてから僕は、〝「M-1」の審査員を務めることは、清純派女優がヌードになるくらい覚悟がいる仕事〟と言ってきました。すべてが晒《さら》される。場合によっては、これまでの蓄積を一気に失ってしまう。しかも、収録ではなく生放送で。

そして、タチが悪いのはそれだけ覚悟がいる仕事だということが、一般にはあまり理解されていないことです。

幾重にもデメリットばかりですが、そこに歩を進めるには、漫才への恩返しなり、使命感なり、矜持《きょうじ》なり、なにかしらのワードで自分を鼓舞するしかありません。

ちなみに、オール巨人《きょじん》さんに審査員のお話をうかがった際にも、独特のつらさを語ってらっしゃいました。

「これはね、非常に疲れます。一組一組、ネタをしている4分間にいろいろ考えるんです。もちろんネタの評価もしながら、そのあとに、『これは言ったほうがいい』とか『これはこの場では言わないほうがいい』とかも考えながらネタを見る。

そんな感じでフルパワーでネタを見てたらね、大概、5組くらい審査したところで、ものすごく頭が痛くなってくるんですよ。最後まで放棄することなく最後までできるのか。実は、その心配も毎回あるんです」

上沼さんとお食事に行ったときは、お酒が進むなかで「M-1」審査員に話題が及ぶことが、何度かありました。

「もう審査員はお断りしようと思う」

何度もその言葉を聞きました。審査員の重圧。なんの得もない現実。大会後のバッシング。審査員をすることが、いかに当たり前のことではないのか。

ただ、お酒という物は素敵な、恐ろしい物です。普段、僕が思っていることを出す後押しを、強烈にしてくれました。

「そら、そうですよね。今、審査員をしている『中川家《なかがわけ》』の礼二《れいじ》さんや『サンドウィッチマン』の富澤《とみざわ》（たけし）さんは、『M-1』で世の中に出た人だから、いわば大会に恩義がある。恩返しで審査員という苛烈な場に赴く文脈がある。

でも、上沼さんの場合、これまで自分の腕一本で積み上げてきた財産を一気に損なう危険性もあるうえに、大会への恩義はない。『なんで、私が行かないとダメなの』と思って当然だと思います」

味もよくわからないが、高級であることだけはわかる赤ワインをグイッと飲んで、そんな話をこちらが切り出させてもらうと、上沼さんの表情が一気に変わりました。心のギアがさらに上がる、そんな音がします。

「ただ、上沼恵美子という名前をさらに上げる方策があるとすれば、笑いの最先端を作る場に、大いなる痛みを伴いながら存在しているということを見せつけること。よほどのバカではない限り、あの場にいることがいかにハイリスクかはわかります。

でも、やる。それが上沼さんの値打ちをさらに上げると僕は確信しています」

僕が確信したとところで、屁のツッパリにもなりません。ただ、お笑いを取材するプロとして、そこは心底思うところでもあったので、思うがままに言葉をぶつけます。こちらもプロとして、プロの水準にある本気なら、ぶつけても不躾《ぶしつけ》にはならない。そこをつっかえ棒にしてぶつけました。

「……そうかぁ。そういうもんかな……」


圧倒的な才能。芸人としての馬力。これまでの実績。

そういったことから上沼さんが〝女帝〟という言葉で評されることもありますが、僕の印象は、それとは大きく乖離《かいり》しています。

聞く耳を持たない、自分だけの思いを押し付けるといったことは決してせず、誰よりも全方位的に耳を傾ける。

そして、その奥には、決して晴れることがない迷いと不安の霧が存在し続けている。

それが上沼さんにはあると思います。否、一方的に想像します。


天才も人間。

当然です。当然だけど気づきにくい。そんな領域を上沼さんには感じます。

圧巻！ 上沼流・食事のおもてなし

上沼さんとご一緒させていただくときのお食事は、スゴイの一言です。

当然、才能に関する自信はお持ちだと思います。それと同時に、こちらが忘れていたような話をこと細かに記憶していて配慮する心もお持ちです。

そういったところから、「おもてなしをするなら全力で」。そんな、あまり知られていない上沼さんの心根を体感するのが、お食事の場でもあります。


名前を聞くだけで萎縮するような超高級ホテル。出てくるのは既存のメニューではありません。食事をしているお店はステーキのお店でも、出てくるメニューは中華、寿司、フレンチなど、そのホテル内のシェフが手掛ける逸品が、お店の枠を越えてステーキ店に集結します。

ちなみに、食事の途中に見覚えのない外国人がこちらの席に頭を下げに来ました。

「今の人は？」と目の前のシェフに訊ねると、そのホテルの総支配人でした。

また、上沼さんの好物であるふぐをいただきに行くときも、〝上沼スペシャル〟とでも表すべき特別メニューが出てきます。

シャレた前菜をアテにビールを飲んでいると、ドーンと大皿に盛られた「てっさ」が運ばれてきます。

「さすが、上沼さん。すごい迫力!」。そう思って眺めていると、その皿が一人一枚、目の前に置かれるのです。

気を遣いながら、枚数を考えながらチマチマ食べる。そんなこととは無縁の楽園。好きなように好きなだけ箸《はし》を回す。てっさの皿の上で箸を動かした最高到達距離が、やすやすと更新されていきます。

その手の動きに慣れてきた頃、また理解を超える光景が目に飛び込んできます。先ほどと同じ皿がまた運ばれてくるのです。頭がオーバーヒートしかかるなか、さらにもう一皿……。一人三皿が、上沼スペシャルのデフォルトだそうです。

てっさだけで、腹はパンパン。幸せを超越して、幸せの前借感が怖くなり、お店から出るときには、「トラックに轢《ひ》かれないでおこう」という思いが急浮上するのでした。

そういったハレの日の食事のみならず、上沼さんの番組は楽屋弁当もまーーーーーー、ゴージャス！　私の体は「クギズケ！」の楽屋弁当でできている。そう言えるくらい、たっぷりといただいています。いつもありがとうございます。

差別心も先入観もないが、食べ物で評価を決めがちな48歳。

上沼恵美子

1955年、兵庫県出身。上沼事務所所属。1971年、姉妹漫才「海原千里・万里」の海原千里としてデビュー。レコードも多数発売し、「大阪ラプソディー」が大ヒット。その後、結婚を機にコンビを解散。表舞台から遠ざかる時期もあったが、タレント・上沼恵美子として活動を再開。テレビ・ラジオで多数のレギュラー番組を抱え、94～95年には2年連続で「NHK紅白歌合戦」（NHK）の紅組司会者を務めるなど、関西だけではなく日本を代表する人気司会者となる。また、「M-1グランプリ」では、2021年まで審査員を務めている（22年11月現在）。

EPISODE 03

ダウンタウン
「選ばれしものの恍惚と不安、我にあり」

「逃げなかった」31年ぶりの漫才

「選ばれしものの恍惚《こうこつ》と不安、我にあり」

かつて、前田《まえだ》日明《あきら》さんが口にしたプロレス界にとどろく名ゼリフです。これが芸人さんのなかで当てはまるのは、「ダウンタウン」のお二人だと思います。

２０２２年４月３日。大阪・なんばグランド花月《かげつ》（ＮＧＫ）。午後４時55分。

そのとき、舞台は異様な緊張感に包まれていました。数多のスターが出てきた舞台なのに、特別なことになっていました。

その理由はただ一つ。「ダウンタウン」が登場するからです。

吉本興業の１１０周年イベント「伝説の一日」。２６６組３７７人が出演した規格外のイベントとなりましたが、有料配信チケットが10万枚以上売れるなど、笑いの底力を見せた場となりました。

ダウンタウンが披露する、31年ぶりの漫才。僕は、現地で取材をしました。

コロナ禍《か》で密を避けるため、イベント出演していた芸人さんは、自分の出番が終わったらすぐに帰るように吉本興業から言われていました。それでも、多くの芸人さんが劇場に残り、この漫才をモニターで見ていました。

十数組の芸人さんと、この日のダウンタウンの舞台について話しました。いちばんわかりやすかったのが、次の言葉です。

「逃げなかった」

どこまでも深く、どこまでもしびれる言葉でした。

大きなイベントのトリとしてダウンタウンのお二人に与えられた時間は、約30分。状況としてはそれだけです。

そこでなにをやっても自由。誰か劇場にいる手の合う後輩を呼んで客前でイジる。もしくは、ソファを置いて二人でフリートークをする。それでもお客さんは大喜びだったと思います。

逃げようと思えば、いくらでも逃げられる。しかし、それをしなかった。しっかり漫才をやった。そこの評価を芸人さんが一様にうれしそうに、自慢げに繰り返していました。

偶発的なフリートークではなく、マイク一本であらかじめ考えてきた面白い話をする。そこには、その時点での本気が詰め込まれる。なんとなくではなく、本気を見せる。それはとてもリスキーであり、恥ずかしいことです。でも、それをやった。

24年間、僕は吉本興業を取材し、今回のイベントも現地で取材をしていましたが、吉本興業がなぜ110年も続いているのか。このイベントこそが、その根本を示していました。

強さの原点は〝劇場〟。ここに尽きると思います。

全国に14の劇場を構え、お金を払って足を運んでいるお客さんを笑わせる。笑わせるしかない重圧に日々さらされる。その真剣勝負を繰り返しつつ、先輩の芸も間近で見ることができる。さらに、楽屋でバカ話をするなかで、芸人としての矜持《きょうじ》を磨く。劇場を軸にした、すさまじいまでのトレーニングシステムが確立されています。

劇場に出演するための若手のバトルも熾烈《しれつ》です。猛者《もさ》同士のスパーリングで強さを見せた者だけが次のリングに進み、さらに、そこで勝った者だけが次のリングに上がれる。

31年ぶりにNGKで漫才を披露したダウンタウンが30分以上にわたり、お客さんを笑わせ続ける。今は日々、劇場に立っているわけではないが、劇場というリアルファイトのリングで勝ち上がってきたことを、これでもかと示す30分でもありました。

まだまだ売れたい、面白くなりたい

当日のダウンタウンの舞台を見たとき、「ココリコ」の遠藤章造《えんどうしょうぞう》さんにインタビューした際のお話を思い出しました。お二人への思いを包み隠さず話しています。

この30年ほど、芸人としていろいろな先輩に影響を受けてきたんですよ。もちろん、たくさんおられるんですけど、間違いなく「ダウンタウン」さんのカタチも、自分に色濃く入っているな、と。

あのお二人を見ていると、まだ売れようとしてるんです。芸人、タレントとしたら、もう完全に〝アガリ〟やの、に「まだテレビに出たい」というパワーがあるんです。

たとえば「ダウンタウンのガキの使いやあらへんで!」(日本テレビ系)の打ち合わ

せのときにも、作家さんが考えてこられたネタを、松本《まつもと》（人志《ひとし》）さんが目を通されるんです。本当に面白いネタがいろいろあるんですけど、ネタをパタッと置かれて、そこからまたゼロから考え始めるんです。選択肢として、「ま、これでいいか……」がないというか。

あと、「ガキの～」の企画で、各お店のメニューを出演者5人で食べ尽くすみたいな企画があるんですけど、僕らも30年近くやってきて〝テレビ病〟じゃないですけど、勝手に自分のなかで尺を考えるところがあるんです。

「もうだいぶ撮れてるよな。まだあと何軒か用意していただいてるけど、もう時間もないし、この一軒が最後かな」みたいなことをいつの間にか計算してしまう。でも、松本さんは本気で、残りのお店を全部回るつもりなんです。

「もう腹いっぱいやけど、最後の一切れ、オレ、いくわ」と食べて「次、行こか」と。行くんやと（笑）。次に行ったら、もっと面白いことが待っている。常にそう考えるというか。

浜田《はまだ》（雅功《まさとし》）さんの番組に呼んでいただいたときも、それもたまたま食べる企画でした。で、また僕が尺を考えて、「もうこれくらいで十分かな」と思って横を見たら、浜田さんが口パンパンにして、目を真っ赤にしながら、キャベツをかき込んでるんです（笑）。

お二人がそれぞれやったら、俺はその何倍頑張らなアカンねん！　という。でも、僕からすると、その姿はカッコいいですし、僕も、もっと、もっと売れたいと思います。

松本人志さんとビートたけし（北野武《きたのたけし》）さん。映画監督として比較されることもありますが、僕は昔からこう言ってきました。

「芸人なのにすごいと驚かせたたけしさん。芸人こそがすごいと見せた松本さん」

そうやって、お二人は時代を作ってきました。

そして、ここに来て、さらに、ダウンタウンの寿命を延ばしているのが、浜田さんの馬力です。タレントとしても引っぱりだこで、芸人の奥行きをこれでもかと見せています。

「プラス・マイナス」の岩橋良昌《いわはしよしまさ》さん（239ページ参照）の話が思い起こされます。

「ダウンタウン」の浜田さんにも、強く、強く、背中を押していただきました。

今でも公私ともにお世話になっているんですけど、初めてお会いしたときに、ありがたいことに、テレビで僕らの漫才を見てくださっていました。そこで、初対面にもかかわらず、「お前のあそこのツッコミのトーンは一定やから、もっと緩急をつけたほうがエエわ」といった感じで、すごく具体的にアドバイスをくださったんです。

こんなにスゴイ機会はないですし、もちろん、しっかりと浜田さんのアドバイスを聞かないといけない。ここでふざけるなんて、あり得ない。絶対に、真面目に聞くしかない。


そういう考えが頭を駆けめぐっていたんですが、気づいたら、浜田さんの顔に自分の顔を突きつけて、舌を出して「べ～ッ!!」とやりました。鼻がくっつくくらいの距離で、あっかんべーをやってしまったんです。

その瞬間、浜田さんに「お前、何しとんねん!!」とツッコまれました。「やってしもた。何もかも、終わった……」と思ったんですけど、ツッコミの直後に聞こえてきたのは、あの大笑いの声でした。

そして、ホンマに優しい顔で「お前、面白いやないか!!」と言っていただいたんです。

さらに、「いろいろあるかもしれんけど、絶対にやり続けろ。もし、どこかで何か言われたら、俺がやれと言ってるからと言うたらエエ」との言葉をいただきました。

ずっと僕が隠していたクセを、あの浜田さんがそこまで認めてくれた。「出していけ」と言ってくださった。この感覚は、とてつもなく大きかったです。

その流れを汲《く》んで、僕が忘れられない光景がありました。

２０１４年６月29日午後４時半。大阪・心斎橋《しんさいばし》の日航ホテル大阪32階スカイテラス。そこで行われたのが、岩橋良昌さんの結婚披露宴でした。昔から新郎とは仲良くさせてもらっていることから、私も披露宴に招かれました。

結婚の慶《よろ》びとともに、新婦のおなかには新しい命も宿っているというダブルのおめでたに包まれた場となりましたが、実は、思わぬ〝ご祝儀〟が寄せられていたのです。

会場にたどり着くと、ひときわ大きな人だかりができているところがありました。近づいてみると、そこにあったのは、周囲とは比べ物にならないほど、大きな、大きな、真っ赤なバラの祝い花。贈り主の名前が書かれたボードを見て、ビックリしました。そこには、「浜田雅功・小川菜摘《おがわなつみ》」の文字があったのです。

その少し前に、浜田さんは、「フライデー」で浮気を報道されていました。報道後には妻の小川菜摘さんがブログで、「彼は羽目を外し過ぎ、伸ばし過ぎた羽根を家族にバキバキに折られ、その羽根をそっと畳み、意気消沈ゴリラになっています。そんな彼を、私たちは変わらず笑顔で支えていこうと思っています！」と、オトコマエな対応を見せたことも大きな話題となりました。

そもそも、岩橋さんにとって浜田さんは、大阪時代から公私にわたって可愛がってもらった大先輩で、大恩人。大阪を離れて東京に進出したのも、「すぐに東京に出たほうがいい。今でも遅過ぎるくらいや」という浜田さんの言葉を受けてのこと。

それほどつながりが深く、この日も、本来ならば浜田さんは大阪まで足を運ぶつもりだったそうです。しかし、どうしてもスケジュールの都合がつかないため、花を出すという形になったといいます。

「浜田さんと岩橋君が仲良しなのは、近しい人間ならば、みんな知ってること。もし本人が来られないなら、『浜田雅功』名義でお花を出すというところまでは予想していましたが、このタイミングで夫婦連名の祝い花を贈るとは……。と出席者は驚いていました。ある意味、夫婦の動向がいちばん注目されているなかで、この祝い花。芸人として、最高のシャレとも言えますもんね」とは、在阪放送局のスタッフの言葉です。遊び心満載で、目をかけている後輩へ祝福の思いを伝えつつ、オマケとして、夫婦の関係修復もサラリと示す。なんとも絶妙なプレゼントに、芸人さんの気遣いの極致を見た思いがしました。

思い切り笑いをぶつけても必ず返す浜田の度量

ダウンタウンのお二人をよく知る木村祐一《きむらゆういち》さんは、独特の表現でそのすごみを表現されていました。

僕の恩人は、やはりどう考えても「ダウンタウン」のお二人です。デビュー2年目から今に至るまで、ずっとご一緒させていただいています。ダウンタウンさん司会の「4時ですよーだ」(毎日放送)をやっているときに、今田《いまだ》(耕司《こうじ》)さんから「松本さんとお茶に行こう」と誘っていただいたのがきっかけでした。

当時、若手のホームグラウンドだった心斎橋筋2丁目劇場を出てすぐの喫茶店に入りました。2時間くらいいいたんですかね。でもね、僕はどこでどう入ったらいいのかわからず、結局、一言も発することなく終わったんです。

3人のうち1人が黙りこくるって、結構なことやと思うんですけど（笑）、それをとがめるわけでもなく、ツッコむわけでもなく、その日のお茶は終わったんです。

そんなことだったんで、もう呼ばれないだろうなと思っていたんですけど、それ以降も毎日、誘われるんです。そのうち、少しずつしゃべられるようになりました。

ある日、喫茶店の中で、ちょっとした軽い大喜利《おおぎり》みたいな流れになったんです。その日は、「こんなに要る？」というくらい、明らかにいつもより従業員が店内にたくさんいました。なんでやろうなという、ホンマに軽い大喜利ですわ。

そこで僕が、「今日はお店のボウリング大会なんでしょうね」と言うたんです。本当に他愛もないことです。ただ、その瞬間に、松本さんが「フッ」と笑ってくれたのは、今でも覚えてるんです。

「4時ですよーだ」のCM中のことも印象的です。

ここでも大喜利的な流れになりました。CM中で時間も限られてるし、とにかくすぐに答えないといけないと思って、サッと手を挙げて答えたんです。

そうしたら、松本さんがその答えで「フッ」と笑ってから、怒るわけでもなく、諭すわけでもなく、スッとおっしゃったんです。

「普通の2年目やったらそれでエエけど、お前はアカンのちゃうか」

その瞬間、「……うわ、メッチャ頑張らなアカンやん」と思いました。もっと上を目指せということなのかと。言葉の重み、うれしさで鳥肌が立ちました。そんな思いでこっちを見てくださっていたならば、こんなにありがたいことはないですよね。

別に、直接的なアドバイスも何もないんですよ。ただ、毎回、毎回、毎回、毎回ご一緒させてもらうことで、こちらが勝手に、心に書き留めていったと言いますか。

浜田さんには、日々、〝確認〟をさせていただいたと思っています。それこそ、バシバシツッコんでくださる。あらゆる角度から。こっちはツッコまれながらも、そこでいろいろな見方や切り口を教わってるわけです。

浜田さんも、直接「こうやったほうがエエよ」なんてことはおっしゃらない。でも、一つひとつのツッコミの文言が、こちらのボケに対するアドバイスでもあるわけです。

「なるほど、そう見えてるんや」「そっちを際立たせたほうが、わかりやすかったか」と、こっちは感じるわけです。若い頃から、日々、浜田さんにツッコんでもらっていた。

この積み重ねというのは、とてつもなく大きかったですね。

遊園地とかに子どもが入って飛び跳ねて遊ぶ、空気で膨らませた巨大なビニール製の怪獣みたいな、ポワンポワンの遊具がありますわね。浜田さんはね、アレなんです。どんなことをしても、どこにどうぶつかっても、必ず返してくださる。どれだけ暴れ回っても、どんなコケ方をしても、ケガをさせない。思い切って、飛び込んでいっても大丈夫。思いっきりさせてもらいましたし、今もさせてもらっています。

「面白くなかったら、クビだから」の言葉に松本は……

ただ、繰り返しますけど、お二人とも直接、こちらに何かを言うことはないんです。でも、最初のお茶のときからそうですけど、常にお二人はこちらを見てくださってるんですよね。

僕は30歳過ぎて東京に行って、そこから作家として「ダウンタウンのごっつええ感じ」（フジテレビ系）にも呼んでもらうようになった。どう考えても、そこには、お二人と僕の関係性という部分も、呼んでもらった要素として含まれていたと思います。

東京のフジテレビのプロデューサーさんが、大阪から来たばかりの僕のことを、いきなり呼ぶわけないですから。

今週から作家をやらせてもらうとなって、現場でプロデューサーに挨拶に行ったんです。すると、プロデューサーさんが、「面白くなかったら、クビだから」とおっしゃったんです。

ギャグの雰囲気もまぶしながらも、本気……。みたいなニュアンスの言い方でした。文言としては、ズドンと重みのある言葉だったんで、周りは「イヤ、イヤ、イヤ。ま、そんなズバッと言わないでも」と、ま、僕へのフォローみたいな空気が少し流れかけたんです。

けど、そこで横にいた松本さんがスパッとおっしゃったんです。

「そら、そやろ」と。

「面白くなかったら、クビだから」という言葉。もちろん、本当にその通りですし、なんにもおかしいことではない。ただ、そこで重ねて松本さんが「そら、そやろ」と言う意味。みんながいるタイミングでそれを言う意味。

もちろん、僕はさらにふんどしを締めてかからないといけないし、周りのスタッフさんに対しても「ニュートラルに、普通に、こいつのことを評価したらエエから」という意味もあったんだと思います。そのほうが、みんながプレーンに、しっかりと仕事に取り組めるというか。

方法はいろいろですけど、あらゆる形で気にかけてくださっていることが、ただただ、ありがたいなと。

ま、最近は〝気にかけ方〟が、ちょっと変わってきてますけどね。特に、浜田さんは。芸人として、人間としてというよりも、いちオッサンとしてといいますか。やれ老眼がどうやとか、人間ドックがどうやとか、どの薬が合うだとか、そんな話をよくしてます（笑）。

恩返しなんておこがましいですからね。ふと、お二人がこちらを見たときに「なんか、忙しそうにしとんなぁ」と思ってもらう。それを続けるくらいしか、僕には思いつかないですね。健康にだけは気をつけながら（笑）。

2032年、吉本興業は120周年を迎えます。恐らく、再び行われるであろう記念イベント「伝説の一日」。

そのとき、68歳になったダウンタウンのお二人は、また舞台の中心にいるのでしょうか。まだ最前線で後輩に誇らしい思いを振りまいているのか。あえて引いて魅せるのか。

なんとかその姿を元気に見届けるため、酒は控えめにしようと思う48歳。

ダウンタウン

吉本興業所属。浜田雅功・1963年生まれ、兵庫県出身。松本人志・1963年生まれ、兵庫県出身。1982年にコンビ結成。結成当初より「第3回今宮こどもえびすマンザイ新人コンクール」福笑い大賞など、数々の賞を受賞。87年にスタートした平日夕方の帯番組「4時ですよ〜だ」（毎日放送）で関西を中心に人気が加速。「夢で逢えたら」「笑っていいとも！」（どちらもフジテレビ系）のレギュラー出演を経て全国へ人気が拡大。「ダウンタウンのごっつええ感じ」（フジテレビ系）や「ダウンタウンのガキの使いやあらへんで！」（日本テレビ系）などの出演で人気を不動のものにした。また、個々の活動でもCDや著書でミリオンセールスを記録。長年にわたってお笑い界のトップに君臨し続けている。

EPISODE 04

タモリ「人間の達人」

悩むホリケンにかけたタモリのひと言

「あなたが生きていく上での道しるべは？」

こんなことをいきなり道で話しかけられても、ほとんどの人は、急激にスピードを上げてその場を離れていくと思います。

ただ、こんな仕事をしていると、インタビューをする度に、そんなことを取材対象者に訊《たず》ねることになります。もちろん、手を変え品を変え聞くことにはなりますが。

そんなことを繰り返していると、やたらと同じ名前が出てくることに気づきます。

それが「タモリ」という三文字でした。

なんでも詳《つまび》らかになり、なんでも可視化され、親しみやすさ、身近さが是とされる。かつて芸能人に求めるのは〝憧れ〟でした。そこから時代が変わり、今、求められているのは〝共感〟です。

石原裕次郎《いしはらゆうじろう》さん、美空《みそら》ひばりさんの時代には、憧れの対象となるスターがたくさんいました。

はるか遠く、川の向こう岸でまばゆいばかりの光を放つ存在。その輝きを眺めているだけでうっとりする。「スターが今日の昼に何を食べたのか」「小銭をどんな財布に入れているのか」。そんな情報は、川にはばまれて入ることがありません。

だからこそ、当時の芸能リポーターや芸能記者が渡し舟のようにこちら側とあちら側を行き来し、向こうの情報を持って帰ってくる。ここに一定の値打ちがあったわけです。

しかし、今の世の中はここの川が埋まり、地続きになりました。なんなら、向こうのほうからドローンのようにあらゆる情報が飛んできて、見る気がなくてもこちらが目にすることも爆発的に増えました。それがＳＮＳの進化であり、今では芸能人の在りようも一気に変わりました。

もはや、今の時代に偶像としてのスターなんて生まれないのかもしれません。現存するスターといえば、吉永小百合《よしながさゆり》さんや矢沢永吉《やざわえいきち》さんもスターでしょう。若い世代だと木村拓哉《きむらたくや》さんが最後のスターかもしれません。

営業のプレゼンなら「回りくどい」と、一気に取り引きを打ち切られるくらいの説明となってしまいましたが、お笑いの世界でスターであり続けているのが、タモリさんだと僕は考えています。

人生の指針や岐路についてインタビューで答える。そこで名前を挙げる。生半可な思いでの選択ではありません。そこで名前が頻出するのが、タモリさんなのです。

予測不能なボケでオンリーワンの道を突っ走るお笑いトリオ「ネプチューン」の堀《ほり》内健《うちけん》さん。あまり内面を晒《さら》け出すイメージはありませんが、過去に話を聞いたときに人生の恩人として挙げてらっしゃったのが、タモリさんでした。


「タモリのボキャブラ天国」（フジテレビ系）に出て、本当に全部変わりましたからね。家も風呂付きになりましたし、車も買えたし、新幹線もグリーンに乗せてもらえるようになりました。一気に変わりました。

それまでは、たとえば、ショッピングセンターとかでイベントをやるじゃないですか。もともと3回ステージをやる予定だったのが、1回で終わっちゃうんですよ。お客さんが全然来ないから、1回やっただけで「もう帰っていいですよ」って。

でもね、「ボキャブラ」に出演してからは、お客さんが集まり過ぎて危ないので、3ステージが1ステージだけで打ち切りになっちゃうんです。

ただ、僕らは最初から「ボキャブラ」でうまくいってたわけではなかったんです。というのは、今も昔も変わらないんですけど、僕が、変なことをやって（笑）、それがスタッフさんに「よくわからない」と言われてたんですよね。

たとえば、いきなり「ペリカン!!」とか叫ぶのは、よくしてました。なんでしょうね、叫びたくなっちゃうんですよ。でも、そういうことをやると、スタッフさんからは「それはやめたほうがいい、意味がわからない」と言われちゃうんです。ま、そりゃ、当然なんですけどね（笑）。

そんなことが何週か続いて、ある週の収録後に、「それは、君がもっと知られる存在になってからやったほうがいい。それまでは、普通にしておいたほうがいい」なんてことも言われました。まぁ、なんでしょう……。正直、いろいろ考えました。

なんとも言えない重たい気分のまま、スタジオ近くで一人座ってると、向こうのほうに人影が見えたんです。

僕、目があまりよくないので、「あれ、誰だろう?」と思いながらそちらを見ていたら、笑い声とともに、聞き覚えのある声が聞こえてきたんです。

「何、ずっとにらんでんだよ（笑）」

タモリさんだったんです。タモリさんが満面の笑みで、そう言ってきてくれたんですよね。

言葉としては、それだけなんです。でも、そのときの僕には、ものすごくありがたかった。「スタッフの人にはああ言われてしまったけど、タモリさんは怒っていないんだ」と思えたというか。

自分でも、なんと説明したらいいのかわからないんですけど、その笑顔を見た瞬間、モヤが一気に晴れたんです。迷いがなくなったというか、「結局、タモリさんが笑ってるんだったら、それでいいんじゃないか」という思いになれたというか。

落ち込んでいることをタモリさんが知って、励ましの意味で笑顔を向けてくれたのか。それとも、偶然なのか。

こんなお話をタモリさんにしたこともないですし、答えを直接うかがったわけでもないんですけど、その時の僕にとっては、すごく、すごく大きな笑顔だったんです。

実際、翌週からは思いっ切り、やりたいようにやりました。すると、迷いなくやってるからなのか、それはそれでスタッフさんからも認めていただけるようになり、番組の中でも上位に食い込めるようになってきて、ほかのお仕事も増えていったんです。

タモリさんは面と向かって、アドバイスとかそういうことをおっしゃるかたではないんですけど、あの笑顔が、間違いなく僕の転機でした。

ふかわりょうが感じたタモリへの〝浮力〟

ふかわりょうさんも、著書を上梓《じょうし》した際のインタビューで答えてらっしゃいました。


本を書くに当たって、出版社に最初に提出したのは、タモリさんの話だったんです。「笑っていいとも!」(フジテレビ系)でもお世話になりましたし、実体験に基づいた話を綴るので、思いが溢《あふ》れてきたんです。

本の中で、タモリさんのことについて〝浮力〟という言葉を使って書かせてもらいました。タモリさんは、僕の距離で見てきたなかでは、どこにも力が入っていない。ご自身では「力を抜く」という意識すらないんでしょうけど、お蕎麦屋さんに行くときも、生放送に向かうときも、どこに行くにも力が入っていない。その様が、僕には、まるで浮力だけで動いているように見えたんです。

力を込めるよりも、力を抜くほうが難しいじゃないですか。僕も、20歳で芸能界に入って、少しずつ力を抜いていって、どんどん力を削《そ》いでいく。そして、ゆくゆくは浮力の域までは難しいかもしれないけど、できるだけ力の入っていない状態で画面に映る。それが理想だなと。

そういう意味では、タモリさんという存在は尊敬の対象でもあり、目指すべき存在だなと思うんです。


東京から少し離れたところで、タモリさんが飲食店を開いてらっしゃいまして。そこに突然、お邪魔したんです。

何も言わずに行ったら、「いらっしゃいませ」と威勢のいい声が響いたんです。その声の主であるホールスタッフが、タモリさんだったんです。そのお店ではメチャメチャ力いっぱい働いているんですよ。ハキハキと。

「仕事こそ遊べ、遊びこそ真剣にやれ」みたいな考えがありますけど、タモリさんはそういうものを超越して、ただ自然に向き合ってる。そんな感じがするんですよね。

鉄道好きの人が「好きだから電車に乗る」感覚に近くて、「好きだからそれをやる」。どれが仕事で、どれが遊びということなく。

タモリさんのことを本に書かせてもらうということで、連絡させてもらったんです。なかなかタイミングが合わずに何度か留守電になったんですけど、タモリさんのほうからかけ直してくださいました。

僕の予想では、「なんだよ~、書くなよ~（笑）」と冗談交じりに言われるかな、と思ったんですけど「書いてくれたのか、ありがとな」と。「そっち!?」と驚きました。

こんなに歳《とし》の離れた、自分にとってなんの得にもならないタレントのエッセイに書かれて、「ありがとな」。ますます尊敬の度合いが増しました。深み、奥行きを見せてもらいました。

「西野、絵を描いたらどう？　絵本を作るとか」

お笑いコンビ「キングコング」の西野亮廣《にしのあきひろ》さんは、多岐にわたる創作活動の原点となったのが、タモリさんからのひと言だったと言います。

これまでの人生で、いちばん迷いの中にあったのは、25歳の頃でした。

21歳で「はねるのトびら」（フジテレビ系）という深夜番組をやらせてもらいました。大阪から出てきて「よし、なんとしても、この番組をゴールデンにまで持っていくぞ!!」という目標を立てました。

結果、ありがたいことに4年半後にはゴールデン帯に昇格し、視聴率も20％取れるようになったんです。

確かに、番組は大きくなりました。でも、自分が考えていたものとは違ったんです。ものすごくありふれた言葉で言いますと、もっと売れる、スターみたいに（笑）なれると思ったんです。でも、全くそうではなかった……。

正直な話、相方にも話しましたが、この世界を辞めることも考えました。これだけの環境が整ったのに、突き抜けないわけですから。才能がないんだ。もうダメだと。

そんななか、当時レギュラーを務めていた「笑っていいとも！」でお世話になっていたタモリさんから、「飲みに行こうか」と誘われたんです。

そこで、タモリさんが唐突に、「西野、絵を描いたらどう？　絵本を作るとか」と言ってくださったんです。

当時は絵なんて全く描いてなかったですし、それこそ「いいとも」の打ち合わせのときに、資料にちょっと落書きみたいなのをするくらいでした。

それを見てくださっていたのか、もっと深いところを感じ取ってくださっていたのかはわかりませんが、ふと、その言葉をいただいたんです。あとは2人ともへべレケに酔っぱらって、アホな話ばっかりしてました（笑）。


翌日から、絵を描き始めました。今までやってたわけでもないし、僕の絵は細い黒ペンだけで線を重ねて描くので、1枚描くのに1カ月もかかかるんです。

それだけ時間がかかるので、想定していたページの半分の時点で2年が経《た》ちました。毎日、何時間も描いて、2年で半分。くじけそうになったとき、またタモリさんに、「飲みに行こうか」と誘っていただいたんです。


最初の店で、絵本作りに行き詰まっていると弱音を吐いてしまいました。すると、タモリさんが、「そうだ、厚揚げのおいしい店があるから、そこに行こうか」とおっしゃったんです。

そのお店は、タモリさんの知り合いがやってらっしゃる小さなお店でした。タモリさんが店主のかたに伝えて、店のテレビに「カウント・ベイシー・オーケストラ」の映像を流したんです。

僕は全く知らなかったんですけど、カウント・ベイシーという世界的なミュージシャンが率いるビッグバンドで、初めての僕でもすごさがわかるくらいでした。その映像を2時間くらい見てましたかね。そこでタモリさんがおっしゃったんです。

「マスターがベイシーが大好きで大好きで、店名も『ベイシー』とつけた店があるんだよ。東京からずっと離れた田舎の店なんだけど、オープンから20年経って、なんと、ベイシーがその店に来たんだ。自分の名前をつけてる店が日本にあるという話が回り回って、本人の耳にも入ったってことなんだよな」

「へぇ〜、そんな話もあるもんなんだ……」と思いかけて、ハッと気づきました。

これを言うために、タモリさんはここの店に僕を連れてきたんだ、と。

続けることは大変だけれど、その先には何かがある。アホな僕が話の本質に気づいた瞬間に、タモリさんが店主さんに「厚揚げ、ちょうだい」とおっしゃいました。あくまでも、目的は厚揚げを食べに来たんだよ、という優しさを込めて。

翌日からまた描き出して、5年ほどかけて1冊目の絵本を出版しました。タモリさんに絵を勧められてなかったら、一体、今の自分はどうなっていたのか。考えただけでも、ゾッとします。

深く。しかし、サラッと。

この塩梅《あんばい》を絶妙に保ちながら、人を導く。いくらエピソードを聞いたところで、マネできるものではありません。ただ、このなかに人の心を動かす真理が存在していることも、また間違いありません。

とても同じことはできないが、とにかく厚揚げのウマい店は探そうと思う48歳。

タモリ

1945年生まれ、福岡県出身。田辺エージェンシー所属。本名・森田一義。75年に上京し、漫画家の赤塚不二夫宅に居候する。四カ国語麻雀などの密室芸で人気を博し、82年には昼の帯バラエティ「森田一義アワー 笑っていいとも！」（フジテレビ系）の司会、84年には音楽番組「ミュージックステーション」（テレビ朝日系）の司会に就任。「生放送バラエティ番組単独司会最多記録」「同一司会者による生放送音楽番組の最長放送」として、どちらもギネス世界記録の認定を受けた。ビートたけし、明石家さんまとともに「お笑いビッグ3」と呼ばれ、現在もテレビ界に欠かせない存在となっている。

EPISODE 05

明石家さんま「気遣い怪獣」

面白さの根っこにある、ずば抜けたダンディズム

お笑い怪獣。

手垢《てあか》がつくくらい、もう、その言葉を真正面から使うことに照れが出るくらい、この言葉は明石家《あかしや》さんまさんを形容する言葉として使われてきました。

でも、本当のさんまさんは〝気遣い怪獣〟である。僕はそう思います。

このワードにネーミングとしての妙味があるかどうかはともかく、事実だけを見つめていくと、自ずとそんなワードが出てきます。それが、僕がこれまで取材をしてきたなかの思いです。

2017年4月22日。吉本興業が手掛ける「沖縄国際映画祭」の拠点となっていた那覇市《なはし》内のホテルで、ヤフーの拙連載のため、俳優の小出恵介《こいでけいすけ》さんにインタビューをしました。

タレント・ジミー大西《おおにし》さんの半生をモデルにした、Netflixオリジナルドラマ「Jimmy

〜アホみたいなホンマの話〜」で、小出さんがさんまさんの役を演じることになり、その作品がきっかけで、話を聞くことになったのです。

ところが、その少しあとに、小出さんにトラブルが発生し、結局、書いた原稿はアップされることなく、パソコンから出ることもありませんでした。

以下、その原稿と取材メモ、音源から、当時の話を抜粋します。


（2017年4月22日午後1時34分）

今回の作品があるからというわけではなく、人生の恩人を挙げるならば、本当に、本当に、さんまさんなんです。

これまでは、バラエティ番組でご一緒させてもらうくらいで、個人的にお話をしたことはありませんでした。そんななか、さんまさん役をやらせてもらうことになりました。

簡単に引き受けられるようなものではないと思いましたが、今作はプロデューサーもさんまさんだし、脚本もさんまさん。これほどまでにさんまさんとかかわる機会は絶対にないだろうなと。だったら、やってみたい。そんな思いで決めました。

あと、これは、やれ俳優だ、芸人さんだということを超えて、〝人として〟という話だと思うんですけど、さんまさんには、自分の仕事にとことん向き合うきっかけをもらいました。

なんていうんだろう、人を笑わせたり、幸せな気持ちにしたりするということはどういうことなのか。人に見てもらう役者という仕事をやっているので、そういう意識はあるんです。でも、その部分にここまで向き合ったことがなかったといいますか。

なぜなら、さんまさんはその塊《かたまり》なんです。

いつも人を楽しませる。現場でも、ご飯のときでも、オフの空間でも、それを全く休まない。自分も芸の道に携わっている以上、根底にあるべきものを強く感じました。

さんまさんは、面白さの根元にあるダンディズム、紳士性がずば抜けています。なんてハンサムなかたなんだと。野暮がないというか。オンとオフの区切りがなくて、生きているすべての時間、空間がスターなんです。

先日、僕の誕生日を祝おうと、スタッフさんが誕生日会をしてくださったんです。そこで、さんまさんが「どうも誕生日会をしているらしい」という話をなんとなく聞かれたみたいで、いきなり、抱えきれないくらいの花束を持って登場してくださったんです。「来てしもうたわ」と。

変な言葉になるかもしれませんけど、なんというか、漫画の世界から抜け出してきた人を見ているみたいな感覚でした。こんな人、本当に実在するんだろうか。でも、実在している。目の前にいる。なんとも不思議な感覚でした。

以前、演出家の蜷川幸雄《にながわゆきお》さんとお仕事をさせてもらったときに、言っていただいたんです。「一から十まで俳優であれ」と。

舞台上だけではなく、稽古《けいこ》の合間にお茶を取ったりする姿がカッコ悪かったら、それですごく怒られました。

どこかで「そんなこと、本当にできるのか？」という思いもあったんですけど、その権化みたいな人が本当にいたんだと（笑）。蜷川さんがおっしゃっていたのは、こういうことだったんだと。さんまさんの生き様を見て、痛感しました。

さんまさんを恩人とするならば、恩返しは？　そうだなあ。

「今回の思いをいかに自分の生き方で表現していくか」、それに尽きるでしょうね。

芸が好きなかたなので、僕もとことん芸を愛することが、さんまさんへの恩返しにもなるのかなと。

ただ、こんなことを面と向かって言ったことないので、もし、さんまさんがこのインタビューを見られたらどう思うのか。それは気にはなりますね（笑）。

「また、お前、エライ気ぃ遣って、エエこと言うて」とはおっしゃるかもしれませんけど、ウソでもなんでもなく、僕が本当に、本当に、思っていることですから。

そこの思いがあれば、嫌がられることはないのかなと思っています。


改めて読み直してみても、さんまさんへの思いが溢《あふ》れています。それが伝わるお話です。

そして、この取材をした際、とても印象的だったのは、インタビュー中のイントネーションでした。東京出身の小出さんが、完全に関西弁になっていたのです。

それほど、情熱を傾けて役作りをしていた表れだったのでしょうし、役者としての真面目さを思い知った気がしました。

「前に出てきたら、オレが必ずどうにかしたる」

こんな話は枚挙にいとまがありません。
以前、別のコラムの取材で、愛弟子《まな》ともいえる村上《むらかみ》ショージさんから聞いたのは、ショージさんが結婚するときのエピソードです。当時の取材メモを記します。

1989年、ショージさんはハワイで式をあげました。当時は今ほどの知名度もなく、当然、金銭的にも全く潤沢ではありませんでした。しかし、華々しい人生の晴れ舞台を迎えられた裏には、さんまさんの気遣いがありました。
ショージさんによると、結婚を考えていた頃、さんまさんから「俺もよう知らんねんけど、こんな企画が来たみたいやわ。お前、ラッキーやな！　タダでハワイで結婚式できるがな」と雑誌を見せられたといいます。

当時、僕の結婚なんかにタイアップがつくようなことはありませんわね（苦笑）。だいぶ経《た》って、周りからの話で僕も知ったんですけど、雑誌社からさんまさんに話が来

たんです。
「ショージさんの結婚式、特集を組んでやらせていただこうと思うんですけど、つきましては、さんまさんと大竹《おおたけ》しのぶさんに、仲人として登場してもらえませんかね?」と。

当時、夫婦で一緒に出るということはされてなかったんですけど、僕のために即答で引き受けてくださった。そして、すべて決めてから、そのことはひと言も言わずに、「お前、ラッキーやな!」とプレゼントしてくださったんです。

さらに、兄弟漫才コンビ「中川家《なかがわけ》」の剛《つよし》さんは、生涯忘れられない言葉をもらったと言います。デビューから5年ほど経った頃、剛さんが「パニック障害」を患ったときのことです。

仕事場に行くのがしんどくてたまらない。密閉空間が恐怖に思えて、電車にも乗れない……。そんな状況が続き、せっかく増え始めた仕事も、どんどんなくなってしまいました。

とても仕事ができる状態ではなかったので、長期休養に入りました。休養後、初めての東京での仕事が、さんまさんの冠番組「明石家マンション物語」(1999年～2001年、フジテレビ系)でした。

スタジオに着き、不安で押しつぶされそうになりながら、収録前に出演者やスタッフが集まっているスタジオ横のスペースに顔を出しました。

すると、僕の顔を見るなり、さんまさんがおっしゃったんです。

「おお、パニックマン!!」

共演者のかたがたも、スタッフさんも、ほぼ全員揃っているなかで、いきなりそれです。そして、矢継ぎ早に、

「聞いたで、パニック障害とかいう病気らしいな。でも、ま、しゃあないやろ。なってしもたんやから。

せや、お前、〝パニックマン〟というコントでもしたらエエねん!! 額に〝P〟の文字をつけて、困ってる人を助けに行ったけど、手が震えてパニックになるという設定で」と。

「なんちゅうことを言うんや……」という思いもありました。でも、周りからしたら、僕の病気のことを知ってるものの、どう接したらいいのか、迷ってる部分があるわけです。

その空気を察して、全員がいる前で、さんまさんが思いっきりイジることで、すべてのガスを抜いてくださったんです。一瞬でほぐれました。

さらに、その本番直前、さんまからコソッと言われた言葉が、今も頭を離れないんです。

「緊張しててもいい。怖くて仕方なくてもいい。手が震えててもいい。どんな状況でも、前に出てきたら、オレが必ずどうにかしたる。だから、なんでもエエから出て来い」

借金に苦しむ間寛平を献身的にサポート

その気遣いは後輩だけではなく、先輩にも注がれています。

先輩後輩の序列が逆転しているのか、と思うほど、さんまさんと特殊な関係性を築いている間寛平《はざまかんぺい》さん（128ページ参照）は、以前の取材で、こんなことをおっしゃっていました。

僕は、さんまちゃんが新人の頃から付き合いがありました。僕もまだ20代半ばで、キャーキャー言うてくれるお客さんもいた頃でした。

新喜劇の営業の前座でさんまちゃんが来てくれてたことがあって、「さんまちゃん、頑張りや！」と言うてたんですけど、えらいスピードで頑張り過ぎですわ（笑）。

そんな感じで付き合いはあったんですけど、さらに付き合いが深くなったのは、僕が40歳くらいのとき。東京に行くようになってからですね。

僕の借金時代のなかでも、とりわけ借金が多かった時期でした。さんまちゃんは30代半ばで、今と変わらず、そら、売れまくってました。

そこで、さんまちゃんが、「兄やん、東京来てるけど、借金大丈夫ですか？」と聞いてきてくれたんです。

そこで、変にごまかしたり、カッコつけたりせんと正直に、「ホンマに、しんどいねん」と言うたんです。

そしたら、「実は、今度、毎日放送で『痛快！ 明石家電視台』という新番組をやるんですけど、兄やん、入ってもらえませんか？」となったんです。それが今でも続くレギュラー番組です。

あと、ギリシャで２４６㎞を走るスパルタスロンという大会があって、何回も僕は挑戦していたんです。

そこに、さんまちゃんがホンマに忙しいなか、10日ほど時間を作って来てくれた。これは、僕の芸人人生を振り返ったときに、すごく大きなことやったんです。

もう30年ほど前の話になりますけど、当時は、今ほどマラソンのイメージがあるタレントさんがいなかったんです。

そんななか、さんまちゃんがわざわざ来てくれたことによって、僕のスパルタスロン挑戦が特番になって、正月に放送されました。それがものすごく高い視聴率を取って、そこで、間寛平＝走る人、というイメージがついたんです。

実際、そこからCMが４つ舞い込んできましたし、日本テレビの「24時間テレビ」で『チャリティマラソン』いう企画にもつながっていきました。さんまちゃんが「スパルタスロン」に来てくれたところから、完全に潮目が変わったんです。

〝現在の吉本興業〟を象徴する存在

こんなことばかり綴ろうと思ったらナンボでも綴れますが、いったん置いておいて、2022年4月2〜3日。大阪・なんばグランド花月《かげつ》（NGK）で行われた吉本興業の110周年記念イベント「伝説の一日」でのエピソードに移ります。

両日ともに興行を締めくくったのは、明石家さんまさんが出演するコメディ「さんまの駐在さん」でした。

なぜ興行の〝大トリ〟が「さんまの駐在さん」なのか。関係者への取材を重ねると、そこの理由が像を結びました。

ある吉本興業担当者のお話です。

「さんまさんという、吉本を代表するタレントさんだから大トリを務めてもらう。一時代を築いた人気コメディだから選ぶ。

もちろん、その要素もありますが、いちばんの理由は、この形こそが〝今の吉本興業〟を明確に示せるからなんです」

「駐在さん」自体のストーリーは、自由度の高いものに設定されています。そして、「かまいたち」や「見取《みと》り図《ず》」など、今の人気者から「オール阪神《はんしん》・巨人《きょじん》」、桂文枝《かつらぶんし》さんら、ベテランまでがゲスト的に登場しやすい形になっています。

さまざまな芸人さんが同じ板の上に立つナマの舞台ゆえ、何が起こるかわかりません。そのハプニングも含め、さんまさんがすべてを、笑いに変えていく。

今の吉本興業を、すべての原点である〝舞台〟という皿に盛りつけて、お客さんに供する。それを具現化するのが「駐在さん」であり、今、この瞬間しか味わえないその時点での最高の味を、その場で食してもらう。

この一連の流れがこれからも語り継がれる伝説になるよう、そして、それがまた次の伝説を作る材料にもなってほしい……。そんな思いを込めて「駐在さん」という演目が大トリに選ばれた、とのことでした。

終演後、さんまさんが関係者に漏らした言葉を聞きました。

「俺も何回か、吉本を辞めようと思ったことがある。でも、これだけのメンバーがいて、集まって面白いものを作れる。

その意味を考えたら、辞めることを選ぶことはなかった」

60歳を過ぎても全く球速が落ちないパフォーマンス。それもさることながら、さんまさんが今もトップランナーとして走り続ける裏には、面白さという頂を支える、広大な〝優しさの裾野〟がある。取材すればするほど、そう思えてなりません。

優しさと面白さのメビウスの輪を走って力尽きる48歳。

明石家さんま

1955年生まれ、和歌山県出身。吉本興業所属。1974年、落語家を志し2代目笑福亭松之助に師事するも、お笑いタレントに転向。81年、「オレたちひょうきん族」(フジテレビ系) がスタート。以降、「さんまのまんま」(関西テレビ・フジテレビ系) など、数多くの番組で司会を務める。また、「男女7人夏物語」(TBS系) をはじめ、数々のドラマ・映画にも出演。99年、「日本で最も露出の多いテレビスター」としてギネス世界記録に認定された。タモリ、ビートたけしとともに「お笑いビッグ3」の1人として、現在もお笑い界のトップを走り続けている。

EPISODE 06

高田純次「テキトーの中の真理」

コミュニケーションを図るために楽屋の扉をいつも開放

２０２２年秋現在、僕は週３本、ラジオにレギュラー出演させてもらっています。ありがたいことに、テレビでもレギュラー出演させてもらっている番組が何本かあります。

ラジオは、とにかくトークが命です。芸人さんでもタレントさんでもない人間が毎週、ラジオでもレギュラーを持たせてもらう。しかも、話す内容は、特に芸能ニュースばかりではなく、愚にもつかないウダ話。これは本当にありがたいことだと我ながら思います。

完全なる素人がこんな状況になった。僕はよくラジオでも話しています。

「たまたま球場の生け垣を剪定《せんてい》していた植木職人が、なんの加減か試合に紛れ込み、メジャーリーガに交じってバッターボックスに立ち、植木バサミでボールを打っている」

本当にその通りだと思います。ＳＮＳなどで「素人、素人とそんなに卑下《ひげ》しなくても」と言われることもありますが、これは卑下でもなんでもない。公に、過不足なく、

堂々とある種の矜持《きょうじ》をもって、現状を綴っているだけです。official髭下ダンディズムです。

言葉遊びはさておき、そんな素人の僕ながら、〝しゃべる〟ということで学生時代からお手本にしてきた人が3人います。山城新伍《やましろしんご》さん、中島《なかじま》らもさん、そして、高田《たかだ》純次《じゅんじ》さんです。

山城さんは軽妙でいてオシャレ、色香があるけどそれ以上に可愛げがある。そのおしゃべりが大好きでマネをしていました。実は、今でもいろいろなところでエッセンスを使わせてもらっています。

らもさんは、こんな本を書いていて綴るのもナニですが、僕は、全く本を読まずに48歳まで生きてきました。本当に、本当に冗談ではなく、読まずに生きてきたのです。でも、何冊か読んだことがある極めて珍しい作家さんが、らもさんでした。すべてを見透かしたような視線。そして、ポツリポツリと、聞く者を自分のフィールドに誘い込むしゃべり方。普通に帰結しない覚悟。

口調こそ違うかもしれませんが、これまた、核にある要素だけは拝借しています。

そして、高田純次さんです。

僕は「天才・たけしの元気が出るテレビ‼」（日本テレビ系）が大好きで、毎回、ビデオに録画して、繰り返し見ていました。なかでも、高田さんのロケ、もっと奥まったところまでいうと〝気の逸《そ》らし方〟が秀逸で、いつも心震わせていました。

そんなかたと、ここ7年ほどは読売テレビ・中京テレビの「上沼《かみぬま》・高田《たかだ》のクギズケ！」でご一緒しています。

憧れのかたと毎回仕事でご一緒して、番組内で、そのテキトーぶりに、自分がツッコミを入れる。

現実であって、現実でない。でも、現実。

そんな、透明螺旋《らせん》階段みたいな思いが、収録の度に渦巻いています。

「クギズケ！」の高田さんの楽屋は、いつも扉が開けっ放しになっています。パンツ一丁で着替えてらっしゃるときでもドアが開いているので、ちょうどいちばん面白いタイミングで挨拶をさせてもらうこともしばしば。〝テキトー〟という看板に偽りなしの姿を、普段からこれでもかと見せてくださっています。

そうやって、コミュニケーションを密にし、空気を温めておく。もうそこから番組は始まっています。

周囲の期待、予想、常識を一瞬で透かす術

ミスターテキトー。本当にテキトー。本当に、本当にテキトー。

でも、芯《しん》がある。

だからこそ、高田さんを憧れの存在と語るベテラン芸人さんは、僕が知る限り、たくさんいらっしゃいます。

ただ、芸人さんからリスペクトされることに、高田さんなりの〝迷い〟があると、僕は感じています。

たとえば、「クギズケ！」で高田さんがボケる、というか、ボケを超越した荒唐無稽《こうとうむけい》を煮詰めたような発言をする。そこに、上沼さんが斬鉄剣《ざんてつけん》のようなツッコミを入れるわけですが、そのツッコミが入る0コンマ何秒前に、高田さんは必ずこちらを見るんです。

こんなことに明確な答えはありません。ただ、その視線に、僕は非芸人さんならではの〝不安〟を感じます。そこで頭に浮かぶのは、時折高田さんがおっしゃる「俺は

劇団出身だから」という言葉です。

芸人さん、特にボケに特化した芸人さんはボケたあと、あえて無表情を貫きます。「私、何かおかしいこと言いました？」とでも言うような表情を、あえて作ります。ボケたあとは孤高でいる。そのほうが笑いは膨らむという実利もありますが、そこには芸人としての矜持《きょうじ》も乗っかっていると思うのです。

そんなサマを数え切れないほど見てきましたが、高田さんの場合、親戚の前でけん玉の技を披露した幼稚園児が、照れ臭そうにお母さんのところに戻ってくる……。そんな空気を、ボケたあとに出されます。まるで、高田さんからいちばん近い席に座っている僕の顔を覗《のぞ》き込んで、「どう？　大丈夫？」という確認をされている。少なくとも、僕はそう感じています。

芸人さんではないから不安がある。戸惑いもある。だからこそ、思い切ってやる。そして、だからこそ、テキトーのなかにも謙虚さがあります。

コロナ禍《か》前までは、ことあるごとに食事にも一緒に行かせてもらっていました。実に愉快なお酒で、2割増しでタガが緩んだテキトーぶりで、みんなが腹を抱えます。

公私問わず、そのテキトーなエッセンスは存分に感じています。

しかし、このテキトーをさらに分析すると、「周囲の期待、予想、常識を一瞬で透かす術《すべ》」だと、僕は考えています。


やるであろうことをやらない。

その先がありそうなところでやめる。

それを見た人は、テキトーという言葉に置き換えるのかもしれませんが、これは適当に投げた一球ではなく、超一級のチェンジアップ。しかも、誰よりもストレートの球筋を理解しているからこそ投げられる、至高の一球だと思うのです。

これからも日本中から〝腰砕けの三振〟を取り続けられることと思います。


逆に、テキトーを前向きな爆発力に転化させたときには、常識なんてものへの畏怖《いふ》を1ミリも感じさせない振る舞いも、平然と行います。

かつて、女優の清川虹子《きよかわにじこ》さんの3000万円もする指輪をねぶったときが、まさにそうでした。『北斗の拳《ほくとのけん》』でいえば、一人の人間のなかにトキとラオウが同居する。

その圧倒的な二律背反具合に、なんともいえぬ、色気と背徳感を、僕は子どもながら感じていました。

今も続く、ひょうきん族プロデューサーへの恩返し

優しい言葉で、優しくしない。

真面目なやり方で誠意を示さない。

大切なことを大切とは言わない。

この行程にこそ〝粋〟があり、粋であればあるほど、人の心に深く刺さる。

心の機微の川をスイスイと泳ぐ高田さんにはそんな真理を、幾重にも見せてもらいました。

かつて高田さんに「人生の恩人」というテーマでインタビューをしました。そこでは、いつもと違う顔で話をしてくださいました。

――僕がテレビに出る原点となったのが、「笑ってる場合ですよ！」（１９８０～82年、

フジテレビ系）でした。
それまで、ほとんどテレビに出ることはなかったんですけど、その後「オレたちひょうきん族」（81～89年、フジテレビ系）を担当するディレクターさんたちが、僕が所属している「劇団東京乾電池」の舞台を見に来てくれていたんです。それで、「笑ってる場合ですよ！」のプロデューサーだった横澤彪《よこざわたけし》さんに話をしてくれて、番組スタートから出演することになりました。

ただ、テレビにもほとんど出たことがないうえに、時事ネタを盛り込んだコントを披露するコーナー「日刊乾電池ニュース」を月曜から金曜まで担当させてもらっていたので、毎日毎日、新ネタを作るようなもの。これは、正直、大変でした。
生放送なので、毎朝、放送作家さんが選んでくれたニュースをもとに、本番までの何時間かでコントを作る。しかも、スタジオの設営があるので、スタジオ内でのリハーサルはできない。放送していた、スタジオアルタの狭い会議室みたいなところで稽古《けいこ》をして本番に臨む、という日々でした。

今でも鮮烈に覚えているのは、第1回の放送です。ま、ネタの内容は覚えてないいんですけど（笑）、僕がメンバーへのツッコミとして、首を絞めるというような場面があったんですよね。

本当なら、「バカヤロー!」と首を絞めて笑いが起こるはずの場面で、緊張し過ぎて、首じゃなくて顔を握っちゃった。さらに、本当に、緊張してたんでしょうね。僕があまりにも力を入れ過ぎちゃって、気づいたら、メンバーの顔から血が流れてたんです。そんなつもりはなかったんですけど、やっぱり、気負いがあったんでしょうね。

そのような感じですから、最初の1カ月は全くウケなかった。一方、同じように番組に出演していた「B&B」とか「ツービート」とかはウケまくっていました。

すると、スタッフのなかにも、「もう、これ以上『東京乾電池』を出すのは、逆にかわいそうなんじゃないか」という空気も出始めたんです。でも、横澤さんは使い続けてくれた。今でも、よく使い続けてくれたなと、本当に思います。

2011年に横澤さんが亡くなる少し前、京都の川床料理《かわゆか》のお店で、横澤さんご夫婦とご飯を食べたんです。そこで、「これからも時代とともにバラエティの形は変わっていくだろうけど、君は変わらず頑張って」と言われました。

何歳で死ぬかはわかりませんけど、その日まで、テレビで映してもらっているとい

――うのが、恩返しになるんでしょうね。

そんな高田さんのエピソードを、この場でアナウンスする。これこそ、マスクマンの覆面をはぎ取るような乱暴な行動なのかもしれませんが、それでも綴っておきたい。そちらの思いが勝りました。

僕のこんなマスク剥ぎなど意に介さず、股間から新たなマスクを取り出して、こともなげに被る。そんな高田さんの馬力に甘えさせてもらいました。

そして、ラジオでは、自分なりにテキトーのエッセンスをまぶして、〝高田純次ごっこ〟に真摯《しんし》に挑みたいと思います。

あんな75歳を目指してみたい48歳。

高田純次

1947年生まれ、東京都出身。テイクワン・オフィス所属。東京デザイナー学院卒業。サラリーマン生活を経て、77年に柄本明らが結成した劇団「東京乾電池」に入団。退団後、「天才・たけしの元気が出るテレビ!!」『クイズ世界はSHOW by ショーバイ!!』（どちらも日本テレビ系)、「オレたちひょうきん族」（フジテレビ系）に出演し、「適当男」の異名で全国的な人気者になる。コメディアン・俳優として舞台、映画、ドラマに多数出演するほか、「じゅん散歩」（テレビ朝日系）など、情報・バラエティ番組にも数多く出演し、多方面で活躍している。

EPISODE 07

桂米朝「芸は人なり」

エレベーター内で新人記者に向かって……

何年経《た》っても忘れられない。ついさっき起こったことのように、くっきりと目に焼き付いている。そんなことが誰にもあるものです。

僕の場合、その一つが、2002年春に取材した、桂米朝《かつらべいちょう》さんのインタビューです。

1999年にデイリースポーツに入社し、演芸担当記者となってから、常に頭にあったのは、当時、スポーツ紙でロングインタビューに答えることはすっかりなくなっていた米朝さんに、お話を聞くことでした。

どれだけ先かはわからない。道がつながっているのかもわからない。ただ、動かずにはいられない……。

そんな思いで入社後にスタートさせたのが、上方《かみがた》落語の噺家《はなしか》さんを毎週取材するインタビュー企画「上方落語大図鑑」でした。

少し前に入門したばかりの若手から大御所と呼ばれるような大ベテランまで、毎週毎週、取材の段取りを整え、インタビューを続けました。

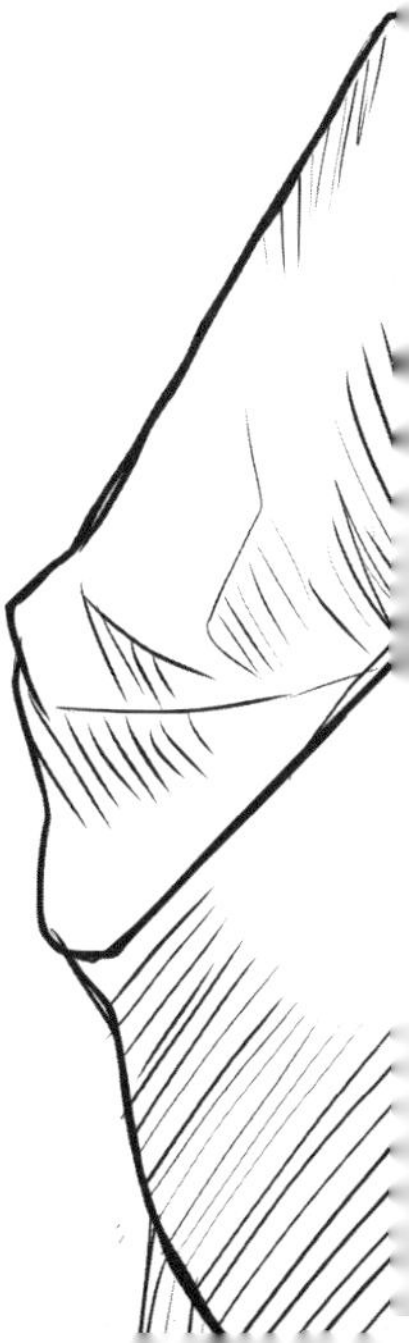

その連載を2年ほど続けたときに、米朝さんの事務所のかたからお電話をいただきました。

「もしよろしければ、米朝が中西さんの連載でインタビューを……と話しているんですが」

道はつながっていきました。

デイリースポーツのエライさんたちもさすがに力を入れたのか、インタビュー場所となったのは大阪・梅田《うめだ》の高級ホテル「ホテル阪急インターナショナル」のジュニアスイートルームでした。

お弟子さんが運転する車で地下の駐車場に入った米朝さんを、会社が最大限頑張ってくれた部屋までアテンドするのは、僕の役目でした。

駐車場から部屋のある高層階へと続くエレベーター。米朝さんと二人きりになりました。

そして、とんでもなく優しい声で、米朝さんが話しかけてきました。

「あれは、全部、お一人の筆ですか？」

いきなりの問いかけに戸惑いながらも、なんのひねりもない事実だけの回答をしました。

「はい。担当は僕だけですので、全部僕が取材をして、写真も自分で撮って連載を作っています」

するると、さらに優しい声で米朝さんがおっしゃいました。

「えらい若いもんまで取り上げていただいて、本当に、ありがとうございます」

孫のような歳の新米記者に、深々と頭を下げられました。

米朝さんが日々の小さな連載まで、しっかりと目を通してらっしゃるということ。そして、孫のような歳《とし》の新人記者に、しっかりと頭を下げられたということ。

エレベーター内のわずか数十秒の時間でしたが、米朝さんがいかに〝落語の明日〟を考えているのか。無限の奥行きを感じた数十秒でもありました。

そのときの米朝さんのエレベーター内での立ち位置。お辞儀の角度。今も僕の目に焼き付いています。

「面白い芸人にならんでもいい。エエ人になりなさい」

2015年3月、米朝さんが亡くなりました。

あらゆる関係者や芸人さんらと連絡を取り、取材をしていると、やたらとLINEの通知が入ります。

一体なんなのかと思い確認すると、関西でも一大勢力となっている「TKF（たむらけんじファミリー）」のリーダー・たむらけんじさん（192ページ参照）が作成したLINEグループからでした。

そこに、たむらさんがあるメッセージを送っていたのです。

「生前、俺が聞いた米朝師匠のお言葉や。みんなに伝えておく。

『芸は人なり。

面白い芸人にならんでもいい。

エエ人になりなさい』」

そのメッセージに対する若手芸人の皆さんからの返信が一気に行われ、すさまじい数の通知につながっていたのでした。

落語家でもなく、もちろん、一門でもないたむらさんが聞いた米朝さんの言葉が、LINEグループを通じて多くの人に染みわたっていく。

米朝さんの肉体はなくなったかもしれないが、それを受け取った芸人さんたちがいる以上、米朝さんの存在が、本当の意味でなくなることはない。そんなことを強く感じた瞬間でもありました。

米朝さんにインタビューをしてから20年以上が経ちました。そこから記者としてのキャリアを積み、あらゆる人に話をうかがって、心底思います。

いい人が最強。

言葉こそ違えど、オール巨人《きょじん》さんも、藤山寛美《ふじやまかんび》さんも、あらゆる部門のトップランナーが異口同音におっしゃっています。

人が人を選ぶ仕事。悪い人を選ぼうとは誰も思いません。

もちろん、プロがプロとしてその世界で活躍することを目指すわけですから、最低限の笑いの腕がないと、どうしようもありません。プロ野球のピッチャーでたとえるなら、ストレートが少なくとも140㎞／hは出ないと話になりません。

ただ、140㎞／h出るだけなら、そんな人はごまんといます。それをベースにしたうえで、どういう芸人さんが売れるのか。


「腕もあって、人間性もいい」。こんな芸人さんは、ほぼ確実に売れます。

「腕もないし、人間性もよくない」。こんな芸人さんは絶対に売れません。

では、

「しっかり腕はあるが、人間性はよくない」

「腕はそれほどでもないが、人間性がいい」

この場合、どちらが売れるのか。24年間、芸人さんを間近で見てきて、この二択には即答できます。

「腕はそれほどでもないが、人間性がいい」。こちらが確実に売れます。

何より求められるのは〝人柄〟。

米朝さんの言葉と空気は今でも僕の宝物ですし、ほんまもんは残る。その真理も教えてもらいました。

たかだかインタビューしただけの僕ですら、こんな感情が残る。いわんやお弟子さんの思いは、いかほどのものか。

それを痛感したのが、米朝さんの逝去後にお話をうかがった、桂《かつら》ざこばさんの言葉でした。

「もし今、フラッと師匠がこっちに来はったらですか？　ま、兄ちゃん（桂《かつら》枝《し》雀《じゃく》さん）も向こうにいるから寂しくはないと思いますけど、兄ちゃんとやったら、ちょっと話が重たくなるでしょ。

『僕みたいなクッション役がいたほうがエエんちゃう？』とは聞きますね。ほんで、言うと思いますわ。

――『どうしても来てほしいと言うんやったら、明日にでも行きまっせ』と」

現在、僕はラジオのレギュラーを3本持たせてもらっていますが、その際に頻繁に使わせてもらっているフレーズがあります。

「一味も、二味も、乗っかりますわなぁ」

これは、米朝さんが出演されていた朝日放送テレビ「味の招待席」で、よくおっしゃっていたフレーズです。

僕の場合、主にド下ネタの文脈で、最後の最後、米朝さんがおっしゃっていたようなトーンで、「一味も、二味も、乗っかりますわなぁ」と締めます。

人間国宝への冒瀆《ぼうとく》と取るか、芸人さんへのリスペクトと取るか。意見の分かれるところかもしれませんが、僕は僕なりの信念として、そのフレーズをその文脈で使っています。

いい話だけで終わるのはイヤな性格の48歳。

桂米朝

1925年生まれ、兵庫県出身。43～44年頃、正岡容に弟子入りしたのち、47年、4代目桂米團治に師事。3代目桂米朝を名乗り、笑福亭松鶴、桂文枝、桂春団治らとともに、上方落語の黄金時代を築き上げる。96年、5代目柳家小さんに続く、落語界から2人目の重要無形文化財保持者（人間国宝）に認定され、2009年には、演芸界初の文化勲章受章者となった。15年、89歳で逝去。第二次世界大戦後、滅びかけていた上方落語の継承、復興への功績から「上方落語中興の祖」といわれた。

EPISODE 08

ガダルカナル・タカ「優しさステルス機」

いつの間にか会計が済んでいる〝タカさんマジック〟

男が男に惚《ほ》れる。

ジェンダーレスな世の中になり、単一的な価値観を持っていることが「そんなもん、アカン」と言われる世の中になってきました。

みんなに優しい。何もかも認める。それこそが正解。それ以外は「今どきじゃない」。

実は、それこそが多様性の社会を否定しているのではないかとも思う昨今、皆様、いかがお過ごしでしょうか。

序盤から閑話休題。冒頭のワードに戻ります。

今の世の中では、「男が男に惚れる」という言葉は、以前よりも馬力を持たなくなったのかもしれません。しかし、それでも僕が芸人さんの本を書くならば、この人のことを書かないわけにはいきません。

ガダルカナル・タカさんです。

タカさんとのお付き合いが始まったのは、2005年。当時、僕がデイリースポーツの芸能記者として出演していた、読売テレビの「なるトモ！」という番組でした。毎週火曜の生放送。朝の番組なので、タカさんは前日から大阪に泊まっています。となると、タカさんから連絡があります。

「みんなに声かけといてくれる？」

司会のなるみさん、陣内智則《じんないとものり》さん。パネラーの高山《たかやま》トモヒロさん、「メッセンジャー」あいはらさん（164ページ参照）。そこに当時は〝茶髪弁護士〟として出演していた橋下徹《はしもととおる》さんが加わることもありました。そういったメンバーで僕が段取りした行きつけのお店に行きます。

難しい話など何もせず、ただただ、好きなように食べて、好きなように飲んで、アホな話だけをする。みんなが、ここ最近であった、大阪のお笑い界のホットニュースをタカさんに報告し、タカさんが麦焼酎の水割りを飲みながら、的確なツッコミを入れていく。

純度100のアホな時間。どんな高級ゴマ油よりも、純正生搾りのアホ話一本です。あまりにもアホの濃度が高過ぎて結晶化しています。その澄み切った結晶を見て「どれだけアホなことばっかりやってるんだ！」と、さらにアホが加速する。そんな尊い時間が過ぎていきます。

しばしば、大阪市西成区《にしなりく》にある80代の淑女が一人で切り盛りされている、僕の行きつけのお寿司屋さんにも行きました。

タカさんがおばさまにもお酒を振る舞い、「オレが20年早く生まれてたら、ガンガン口説くんだけどなぁ」と言って、おばさまの顔に大輪の笑顔を咲かせます。しかし、この言葉は決してリップサービスではない、なんなら今でも……、と僕は確信しています。

何軒行こうが、何人来ようが、支払いはすべてタカさんです。

もはや、今は昔の話となりましたが、僕のツテで飲み会の〝華〟として若い女性たちを呼ぶこともありました。

タカさんはいつも以上にピッチが上がり、さんざんアホな話でギャルをもてなしたうえで、「今日は時間取らせて悪かったね」と、どこまで帰れんねん！　というほどのタクシー代をみんなに渡していました。

毎回、いつの間にかタカさんが会計を済ませている現象を、目《ま》の当たりにした芸人さんたちのなかで、いつしか〝タカさんマジック〟と呼ぶようになりました。

こちらに気を遣わせたくない。そして、楽しい空気を断ち切りたくない。そんな思いの併せ技だったのかと推測しますが、いつ会計に行って、いつお金を払ったのか。それが全くわからないのです。

今日こそはその瞬間を、と思っていてもわからない。そして、驚きと楽しさと感謝のカクテルでフラフラになっていると、タカさんはサッとキャップを被り、「今日もありがとうな」とだけ言って、タクシーで宿泊ホテルに帰って行きます。

ビートたけしも唸るダンディズム

男前。

タカさんには否応なくそれを感じます。そこには言わずもがな、タカさんの師匠・ビートたけしさんからの薫陶《くんとう》が透けて見えます。

タカさんが大阪で定期的に仕事をするようになって20年ほど経《た》ちますが、そのなかで、実は大阪の芸人さんにも大きな影響を与え、意識改革をした。そう僕は思っています。

後輩は先輩を敬う。どの世界でもベースにあるものですが、特に縦社会がキツイ芸人さんの世界では、より強く浸透しているものだとも思います。

ただ、そこに芸人さんならではの反骨精神もあいまって、世話になっていない師匠にはなつかない文化が醸成されていたのも、ときどき目にしてきました。

そんななか、タカさんが圧倒的なものを見せつけることで、「やっぱり、先輩はカッコよくいないといけない。カッコよくいたい」という思いを関西の芸人さんに植え付けた。僕は間近で見ていて、そう感じました。


たけしさんが、「自分が女だったとして、軍団で唯一、抱かれてもいいと思うのがタカ」と言っていたという話は、いろいろなところで聞きました。

たけしさんの薫陶を受けたからなのか。それとも、タカさんが先天的に持っている男気なのか。もしくは、その併せ技なのか。

ただ、一つ言えるのは、アホの極致の話をしているときでも、たけしさんの話をするときだけは、タカさんの顔が引き締まる、ということです。

「オレも60歳も過ぎたけど、楽屋に挨拶に行くときは今でも緊張するんだよな」

そんな言葉とともに、公私あらゆる場面でたけしさんの話を聞きました。

タカさんが静岡から上京し、同郷のつまみ枝豆《えだまめ》さんと組んだお笑いコンビが「カージナルス」です。1982年には日本テレビ系「お笑いスター誕生!!」に出演し、知名度も上がりつつあったなか、当時所属していた事務所が倒産してしまいました。仕事は月に一本あるかないかという、まさに待ったなしの状況です。

そんななか、タカさんと枝豆さんは食いつなぐため、事務所のスポンサーだった人物に新宿の店を提供してもらい、カラオケスナックを始めます。

もう、お笑いの道もあきらめざるを得ない。

そう思っていたときに、「スタ誕」を通じて付き合いがあったそのまんま東《ひがし》（東《ひがし》国原英夫《こくばるひでお》）さんが、「たけしさんが野球チームを作るんだけど、野球できたよね？」と声をかけてきました。

その時点で、すでにたけしさんは雲上人ほどの人気者。緊張感があったとはいえ、タカさんは初めての試合で驚きの体験をしたと言います。

「初めて野球に行った日の記憶がスコンと抜けちゃってるんだよな。正確に言うと、球場に行くまでは覚えてるんだよ。池袋《いけぶくろ》にあった球場で、枝豆と二人でバイクに乗って行って『さあ、頑張んなきゃ！』と言って。

ところが、たけしさんに挨拶したあたりから覚えてない。ヒットを打ったのか、きちんと守ってたのか、さらには試合に勝ったのか負けたのか……。全然覚えてないんだ。必死にプレーした感覚だけはあるんだけど。本当にがむしゃらになるとあんなことになるのか……。今でもわかんないんだけどね」

試合から数日後、たけしさんが突然、タカさんと枝豆さんのカラオケスナックに姿を現します。

「汚ねぇ店だな」「今月中には潰れるだろ」と憎まれ口を挟みつつもにぎやかに飲んでいると、ふと、たけしさんの表情が変わりました。そして、こう言いました。

「あんちゃんたち、これからどうすんだ？　人数を集めて、面白いことをやってみようと思ってるんだけど、一緒にやらないか？」

こうして始まったのが、日本テレビ系「スーパーＪＯＣＫＥＹ」だったのです。

「たけしさんはすべてをリサーチする人だからね。俺らがしんどい状況ということもわかってスナックにも来てくれた。

たけしさんがいなかったら、絶対に今の俺はいない。そして、とてもじゃないけど、俺は弟子を取れない。

俺が知ってる師匠はたけしさん。弟子を取るということは、たけしさんのように相手の人生を背負うということだから。残念ながら、俺にはそんな度胸はないもんね（笑）」

さり気なくタカが最後にかけた、心震えるひと言

ある日、いつものようにタカさんから僕に連絡がありました。ただ、いつもと少しトーンが違い、「皆さんに声をかけましょうか？」とこちらが訊《たず》ねると、「いや、ま、今回は急だから正男《まさお》だけで大丈夫」との答えが返ってきました。

当日、大阪・福島《ふくしま》駅近くにあるお店で、二人だけで食事をしました。

いつも通り、アホ一本勝負。それと同時に、こちらの近況報告などもしながら、お酒をしこたま飲んで店を出ようとすると、思いもよらないひと言をかけられました。

「ま、いろいろ大変だと思うけど、困ったことがあったら言ってくれよな」

実は、その1週間ほど前に、僕の父親が亡くなりました。長期間、糖尿病で入退院を繰り返し、周りとの付き合いもなくなっていたので、周囲に広く伝えることもなく、ひっそりと家族葬で送っていました。

それを人づてに聞いたタカさんは、最後のひと言を伝えるためだけに、その場をセッティングしてくれたのです。

「たけしさんはすべてをリサーチする人だからね」

こんなにキレイな〝フリ〟と〝回収〟はありません。

心が震える。

いちばん痛かった技を聞いていて、いつの間にかその技を決められている。そんな感覚でした。

何一つ相手に悟らせずに、的確なところで優しさを落とす。このステルス機の性能、正確性は、ほかに類を見ません。

今やタカさんも60代半ば。スーツを着て、読売テレビ・日本テレビ系の「情報ライブ ミヤネ屋」などでコメンテーターを務めていらっしゃいます。

世知辛いご時世。芸人さんといえども、女性の遊びは御法度にもなっています。コメンテーターという立場があれば、なおさらです。

ただ、今こそタカさん、「愛人を5人ほど囲っている」という文春砲《ぶんしゅんほう》を食らわないものかしら。そうしたら「愛人は4人です」とサービスできるのに。いや、「6人」と言ったほうが、あとで「よくやった」とタカさんに言ってもらえますかね。

本当に照れ臭いと、照れ隠しもままならないことを痛感する48歳。

ガダルカナル・タカ

1956年生まれ、静岡県出身。TAP所属。81年、同郷のつまみ枝豆とお笑いコンビ「カージナルス」を結成し、「お笑いスター誕生」（日本テレビ系）などで活躍。草野球がきっかけでビートたけし率いる「たけし軍団」に加入し、コンビ活動を休止。たけし軍団の番頭格として活躍する。タレント以外にも俳優としてドラマ・映画に多数出演するほか、『情報ライブ ミヤネ屋』（読売テレビ・日本テレビ系）ではコメンテーターとしても出演。妻はフリーアナウンサーの橋本志穂。

EPISODE 09

千鳥「規格外の可愛げ」

居酒屋で遭遇した大悟が僕のポロシャツを触り……

どちらかがどちらかを引っ張る。コンビは大概、このパターンです。
どちらかにエンジンが付いていて、貨物車的なもう片方を引っ張る。
ただ、引っ張られる側も、ただただ引っ張られるわけではなく、できるだけたくさんの荷物を積み込み、コンビとしての評価を上げていく。それが、一般的な売れるコンビです。

ネタも考えるし、コンビとしての方向性も考える。そんな、キレキレだが社交性はあまりないボケ・Aさん。

一方、ネタは相方《あいかた》任せではあるが、社交的な性格を駆使して芸人仲間と頻繁に飲みに行ってコンビの〝広報担当〟を務めるツッコミのBさん。具体的に表すと、こんな感じが一般的です。

ただ、ごくまれに、両方ともにエンジンが付いているコンビもあります。それが「千《ち》鳥《どり》」です。

こうなると、本当に強い。そら、売れます。

でも、最初からそうではなく、周りの芸人さんの言葉を集めると、「ノブが頑張った」という話を、異口同音に聞きます。

最初から面白さが評価されていた大悟《だいご》さん。一方、大阪時代も劇場では楽屋を出て、あらゆる先輩と話をし、みんなとコミュニケーションを取る役割を担っていたのが、ノブさんでした。

そこから、関西でロケのうまさが評価され、ノブさんのツッコミのワードセンスも注目されて人気者になっていきます。そこまでたどり着くには、いろいろな先輩からのアドバイスやサポートもあったと聞きます。

なぜ、先輩がノブさんにそんなことをしようと思うのか。答えは一つです。

〝可愛げ〟があるからです。

そして、志村《しむら》けんさんが大悟さんを寵愛《ちょうあい》していたことが示しているように、大悟さんも面白いうえに可愛いらしい。この時点でかなりの反則級です。

僕自身も、大悟さんの可愛げを、これでもかと感じた瞬間がありました。まだ「千鳥」が大阪で活動していたときのことです。

あらゆる芸人さんが行きつけにしている名物居酒屋さんが難波《なんば》にあります。そこには僕も頻繁に通っていたのですが、ある日の深夜3時頃、僕が4軒目で立ち寄ったとき、あとから大悟さんが後輩を連れて入ってきました。

こちらもかなり酩酊《めいてい》していますが、それでも一瞬でわかるくらい、大悟さんはド酩酊しています。そら、まぁ、かなり楽しそうです。

すると、席に着くなり、僕が着ていたタオル地のポロシャツの背中部分をこれでもかと撫でて、こう言いました。

「触ったことねぇ生地じゃ」

その言葉を残し、店の奥にあるトイレに入っていきました。

そして、トイレから席に戻ってくるときにも、またポロシャツを撫でて、「触ったことねぇ生地じゃ」。

いや、触ったことはある！　そんな正論など1ミリも返す気がなくなるくらい、本当に幸せそうに、そしてイノセントな笑いで背中を撫でています。

掛け値なしの可愛いさ。こちらも丸刈りの頭を撫で回したくなるくらいの衝動に駆られました。

昔の芸人のニオイを多分に残しながら生きる

大悟さんは2017年に、女性とのオイタ報道がありました。

前年にも別の美女との報道があり、わずか数カ月で2回の騒動。周りの芸人さんが「こんなに落ち込んでいる大悟を見たことがない」というくらいの憔悴《しょうすい》ぶりでした。

「ショックを受けるくらいなら、最初からそんなことやらなければいいのに……」というド正論も聞こえてきましたが、僕の本だから本当に思うことだけを綴ります。

そら、ま、そんなこともあるよ。芸人さんなんだから。

ただ、そんなことをなかなか声高には言いにくくなった昨今。変にかばうと、かばった人にも余波がいきかねない世の中。

その是非はともかく、それが現実です。

スキャンダル発覚直後に、大悟さんも出席するイベントがありました。大悟さんのほかに、「千原兄弟《ちはらきょうだい》」の千原《ちはら》せいじさん、「ココリコ」「尼神《あまこう》インター」ら、芸人仲間が集う場でもありました。

そこでは、みんなが寄ってたかって、大悟さんに愛あるイジリをやりまくりました。芸人だから、イジる流れは当然。もちろん、そうとも言えるのですが、スマートにかばうのではなく、愛で包み込む。そんなリスペクトの空気も現地で感じました。

今のご時世に、昔の芸人のニオイを多分に残しながら生きている。そんな大悟さんに抱く「大したもんだ」という空気。それも確実にありました。

無論、不倫なんて推奨されるものではありません。でも、あらゆることを超越した〝規格外の面白さ〟が芸能界の魅力であるのも事実です。

関西でかなりの売れっ子になった頃も、大悟さんの後輩たちへの散財は、すさまじ過ぎました。大悟さんは吉本興業に数百万円の借金があり、小籔千豊《こやぶかずとよ》さん（２０４ページ参照）からは、「もう、大悟は後輩を連れて寿司に行くな」と散財禁止令を出されていたほどです。

そんななかでも、なんとか後輩は大切にしたい。その思いが、後輩芸人からのエピソードから伝わります。当時の取材メモです。

「今日はワシの家で飲もうか。周りを気にせず、お前と深い話がしたいんじゃ」と「スマイル」のウーイェイよしたかさんを自宅に招く。

深夜2時、酒がしっかり回った頃に、意を決したようにしゃべり出す。

「すまんの、ウーイェイ。ホンマは寿司とか焼肉とか行きたかったんじゃが」と涙を浮かべながら握り締めた拳を机の上で開くと、出てきたのは35円。

「わしの全財産じゃ」

後輩へのせめてものおもてなしとして、発泡酒ではなく缶ビールを買ったがそれは50円引きの特価品の値札をはがしたものだった。

後輩たちにこれでもかとごちそうをするが、自分の生活では2万円のニューバランスの靴を買うとき、レジで「何回払いにしますか?」と聞かれ、「10じゃ」と声を振り絞る。そして、〝N〟が取れるまで履きつぶす。

今のご時世、こういった散財ぶりすらも、あまりよしとされるものではないのかもしれません。

でも、周りはそれを見ていたから大悟さんを見守り、助け、導いてきました。

その結果、今の「千鳥」がある。これも紛れもない事実です。

グアムのストリップ劇場でチップを100ドル渡したノブが……

一方、ノブさんもエピソードがこれでもかとあるほど、可愛げの塊《かたまり》です。僕のパソコンにある取材メモを見返してもわんさか出てきました。まとめてみます。

相方・大悟さんがはっちゃけているイメージがあるが、ノブさんも負けず劣らずやんちゃな面が。

初めてグアムにロケに行ったとき、宿泊ホテルの受付の女性が日本の大学からの留学生で、夏休みの間だけ英語を学びに来た人だった。その女性がタイプだったノブさんは、連絡先を先輩芸人であるぼんちきよしさんに頼み込み、聞いてもらった。

それから3年。未だに連絡がないということは、当然、脈がないということなのだが、ノブさんは、「あの子、まだ帰国してないんですかね。留学が延びてるんですかね……」と、ぼんちきよしさんに会う度に、真顔で聞いてくる。

そのグアムロケの別の話。

大悟さんに負けず劣らず、親分肌で後輩の面倒見がいいノブさんは、ロケが終わり、後輩を引き連れてストリップ劇場に行った。

チップ1ドルで太ももをチラ、10ドルで胸をチラ、などのサービスがあるなか、「じゃ、100ドル出したら、どんなサービスになるのか、やってやる!!」と芸人らしいノリで宣言したノブさん。

後輩らを前に、ポンと100ドルを出して待ち構えていると、ストリッパーの女性に、びっくりするくらいの勢いで顔に股間を打ちつけられ、卒倒した。

妻は高校の同級生。高校時代から交際して結婚したので、付き合いはもう15年以上（当時）になる。なので、マンネリを防ぐために、年々、妻の下着は布の面積が狭まり、色も派手になっている。

ノブの家に遊びに行った後輩によると、干してあったパンツがあまりにカラフルで小さかったので、髪留めのシュシュだと思ったとのこと。

「『サバンナ』の高橋《たかはし》（茂雄《しげお》）さんとノブさんと2対2で飲んだ女の子が、企画モノのAV嬢だと知ってテンションMAX。結果、なんの展開もなかったが、「関係を持つことはできなくても、ビデオ見たらこっちのもんじゃい」とニヤリ。

芸人さんの取材をするなかで痛感するのが、残念ながら「面白い人全員が売れるわけではない」ということ。だからこそ、〝運〟が必要だと、あらゆる芸人さんがおっしゃっています。

ただ、その一方で「面白くないと売れない」。これも事実です。

「シャンプーハット」の恋《こい》さんと月亭八光《つきていはちみつ》さん、そして大悟さんの3人で飲んでいたとき、自分が女性だったらどの芸人と結婚するかという話になったそうです。

そこで酩酊した大悟さんが恥ずかしそうに言いました。

「わしゃ、ノブじゃないと嫌じゃ」

どこまで可愛げが進化するのか。そして、できることなら20年後、またタオル地のポロシャツを着て深夜3時に大悟さんと会いたいものです。還暦を超えた大悟さんは、どんな可愛げを見せてくれるのでしょう。

まだまだお二人の伸びしろを感じる48歳。

千鳥

大悟・1980年生まれ、岡山県出身。ノブ・1979年生まれ、岡山県出身。2000年にコンビ結成。岡山弁を織り交ぜた独自の漫才で大阪を中心に活躍。2014年、東京に進出。04年、「ABCお笑い新人グランプリ」最優秀新人賞。05、07年、「NHK上方漫才コンテスト」優秀賞。「M-1グランプリ」03～05､07年ファイナリスト。「テレビ千鳥」（テレビ朝日系）､「千鳥のクセがスゴいネタGP」（フジテレビ系）など、レギュラー番組多数。

EPISODE 10

「生き神様」

間寛平

がんが発覚する極限状態でも後輩芸人を慮る

「あの人は優しい人やね」


恐らく、日本全国で毎日、２０００００００回くらい出ているであろうワードですが、この言葉の本当の意味を体現している人。それが間寛平《はざまかんぺい》さんだと思います。

お笑い芸人さんを取材して24年。寛平さんの悪口を言っている人や悪口を耳にした人、悪口を言いかけている人を、一切見たことがありません。

「こんな場で綴るのだから、多少いいように書いておこう」

そんな忖度《そんたく》は、ボディビル大会前のマッスル北村《きたむら》さんの体脂肪率のようにそぎ落としていますが、それでも「優しい」としか言いようがない。それが寛平さんです。


初めて寛平さんを取材してから、もう20年以上が経《た》ちますが、このかたは本当に邪気がありません。無邪気というのは、こういうかたのことを言うのだと思います。

その寛平さんがさらに無邪気になり、違う輝きを放っていたのが、２０１１年１月。

ランとヨットで世界一周する「アースマラソン」から戻ってきたときでした。

そのときは、それまでの圧倒的な優しさオーラに加え、後光《ごこう》が射していました。安易に綴る表現ではありませんが、さしずめ、〝神様〟のような空気。これが決して大げさにならないような、形容しがたい色をまとっていたのです。

未経験のヨットに加え、危険な地域でのランもある。文字通り、命がけのチャレンジのなか、前立腺《ぜんりつせん》がんまで見つかる……。まさに壮絶な2年1カ月を経て、見事に生きて戻られました。

それだけでもすごいことですが、その味が何倍にも膨らむエピソードを聞きました。

「アースマラソン」チャレンジ中に前立腺がんが見つかったのが2010年。無論、命にかかわる大病です。

体調を心配した関係者が寛平さんに連絡をしました。そこで返ってきたのは、思いもよらぬ返事だったといいます。

「オレは大丈夫や。オレより『テンダラー』は大丈夫か？　売れてるか？」

自分の体の説明はそこそこに、何度も漫才コンビ「テンダラー」の近況を聞いていたそうです。

約20年前、たむらけんじさん（192ページ参照）からの申し出で、寛平さんは一時期、たむらさん、「サバンナ」「テンダラー」と「宇宙ターザン」というコントイベントを開催していました。

当時、寛平さん以外は、全国的にはまだ誰も売れていなかった時期でしたが、たむらさんが寛平さんの人柄にほれ込み、ダメもとで自分たちの後見人的にイベントをやってもらえないか、と打診したのです。

寛平さんというビッグネームが一緒なら吉本興業内でも注目される。世間的な訴求力も生まれる。世に出るチャンスになる。

そんな思いを寛平さんに正直にぶつけたところから始まったイベントでした。

寛平さんにはなんのメリットもありません。ただ、そんなことを若手から頼まれたら寛平さんが断るわけがありません。二つ返事で受諾し、イベントを重ねていきました。

2001年12月5日。新宿ロフトでのイベント公演。

僕は、当時からたむらさんらと私的な交流がありましたが、デイリースポーツから取材費が出るようなものではなかったので、自費で東京まで行きました。

懇意にしている他社の先輩記者と二人で行ったのですが、その日は雨で、街はクリスマスムード。そして、ホテルはことごとく満室。先輩と二人でダブルの部屋しか取れず、なんとも息苦しい中で寝たのはいい思い出です。

一方、その日の晩、寛平さんがメンバーやスタッフと打ち上げをし、小遣い銭を与えて「飲みに行きや」と、たむらさんらに伝えていたことを、後日聞きました。

同じ新宿で寝苦しい夜を過ごしている一方で、宝石のような時間も流れていた。それが妙な美しさをもって心に残る。そんな思いを感じた一晩でもありました。

その後、たむらさんに光が射し、「サバンナ」にも光が射し、あとは「テンダラー」だけ。それを心配した寛平さんらしい優しさ。

それを平時ではなく、アースマラソンという極限状態のなかで考える。誰に言われるでもなく自然に考える。それが寛平さんです。

命がけの状況にもかかわらず、自分のことよりも人のことを心配する。その積み重ねが後光につながった……。僕はそう思っています。

新喜劇の座長公演中も借金の取り立てに追われる日々

今から15年ほど前になるでしょうか。吉本新喜劇時代からの盟友で、寛平さんとともにW座長として新喜劇を引っ張っていた、木村進《きむらすすむ》さんのご自宅を、デイリースポーツの企画で取材する機会がありました。

木村さんは1988年に脳内出血で倒れ、以降、車イス生活を続けていらっしゃいました。歌、踊り、芝居、そして笑いと、なんでもできるうえ、華まである。

失礼ながら、そんな現役時代の木村進さんからすると、想像できない家の中です。リビングも散らかり、一緒に行った写真部のデスクが、「……中西君、写真、どこで撮ろうか？」と木村さんのイメージを考えて、僕に優しく相談してくれたことを思い出します。

そんななか、木村さんがこうおっしゃいました。

「寛平ちゃんがね、しょっちゅう来てくれるのよ。ほんでね、『手ぶらで来てしもたから、これ、娘さんにお菓子だけでも買うといたってな』って言って、置いていってくれるねん」

お菓子を買うには多過ぎる〝気持ち〟を、台所の机の上にサッと置いて帰る。それが決してキザにもならないし、嫌味にもならない。それが寛平さんの人柄です。そして、決して計算のない真っすぐな優しさ。それが寛平さんだと思います。

今となっては「寛平マラソン」をやるくらい、走るキャラクターが定着している寛平さんですが、その原点は〝借金〟にあるといいます。

過去の取材メモを振り返ると、ご自身の言葉でおっしゃっています。

吉本新喜劇の座長をしていた29歳のときに結婚したんですが、32歳くらいからはどん底でしたね。

とにかく借金。頼まれるがままに連帯保証人になって借金が大きくなっていって、借金取りに悩まされる日々でした。

借金の取り立てが激しくなって、舞台の合間にも僕を探して押しかけてくるようになりました。

それがイヤやから楽屋の裏口の窓から外に逃げて、近くの公園を2時間くらい走るんです。ゆっくり走ってたら「寛平や！」となるかもしれんから、気づかれんくらい、すごいスピードで（笑）。

借金取りに電話するときも、家族にいらん心配をかけんように、家から遠い公衆電話まで走って電話をするようにしていて、そのことでも走る力がつきました。

だからね、借金ありきで走ることになっていったんです（笑）。それがのちのちの自分に結びついていったというのも、面白いもんやと思いますね。

人がいいから借金をした。それを返すために頑張った。そのなかで走ることも身につけた。

人生に無駄なことなんて何もない。そして、真っ当は最強。

寛平さんの生き様を見ていると、どれだけ噛《か》みしめても人生訓という肉汁がなくなりません。

「止まらなければ、死なない」

さらに、取材メモを振り返ってみます。

そんな生活ではあったんですけど、自分のなかで、人を裏切ったり、騙《だま》したりは絶対にしていない。それは今でも、自信を持って言えます。

だから、うしろめたいことは何もないし、しんどい思いは山ほどしたけど、堂々としていられる。それはありますね。

その考え方を教えてくれたのは、親父やと思います。親父からは、「ウソをつくな」「悪いことはするな」と言われてきました。

僕らは貧しいなかで生きてきたけど、たとえば、銭湯に行っても親父から言われてました。

お客さんの履き物が並んでいるところで「あ、これはいい靴だな」と思ってそれを履いて帰ったら、盗まれた人は、また誰かの靴を盗まざるを得なくなって、誰かの靴を履いて帰る。

そうやって、誰かが悪いことをすれば、悪い連鎖が起こる。だから、そういうことは絶対にしたらアカンと言われて、それを大人になっても守ってきました。

騙《だま》されることはあっても、騙すことだけはなかった。いつも正直でいる。それがあったから、明石家《あかしや》さんまちゃん（66ページ参照）との縁もできたんやと思います。


アースマラソンも完走した。がんも乗り越えた。しかし、受難は続きます。

17年、木登りの企画をしている時に約5メートルの高さから落下し、左鎖骨と肋骨《ろっこつ》9本を骨折。肺にたまった血を取る緊急手術を受け、1週間は会話もできないほどの痛みが続いたのです。

「落ちる瞬間、『人って、こうやって死ぬんやな……』と思ったわ」と振り返りつつも、またしても生還した寛平さん。

吉本新喜劇のなかでは、「止まったら、死ぬんじゃ」というギャグがあります。

逆に言うと、「止まらなければ、死なない」。本当にそんなことがあるのでは。そう思わせる唯一無二の鉄人です。

２０２２年現在、72歳の寛平さんですが、周囲が「それは絶対に無理です。やめてください！」と制止するようなチャレンジを考えていらっしゃるそうです。

僕も、もうこの歳《とし》じゃないですか。自分のゴールを見据えて、先のことも考えます。今もレギュラー番組を何本もさせてもらって、そら、ありがたい限りです。今回の全国ツアーでも、大忙しの人気者がたくさんゲストで来てくれる。そんな仲間もいるし、このまま楽しく、楽に、残された人生を過ごすこともできると正直、思います。

でもね、なんなんやろね。「それではアカン」と思う自分がいるんです。もう一回、アースマラソンやないけど、いばらの道を進むべきや、と。

そう思うのも、さんまちゃんのおかげやろうね。ホンマにね、一緒にゴルフをやってても、ショットに失敗してしょぼくれてたら、「何をしょぼくれてまんねん！　シャキッとしなはれ」とすぐ言われますし、あらゆるところで支えてもらってます。

そんな思いがあるからやろね。今でもほぼ毎日、10キロ走っています。

僕が何歳まで生きるかわかりません。生きていたとしても、なかなかマネはできるものではありません。ただ、寛平さんのスピリッツに憧れて生きていきたいと思います。

無理な目標を立ててみる48歳。

間寛平

1949年生まれ、高知県出身。吉本興業所属。70年、吉本興業に研究生として所属。74年、なんば花月で初の座長公演を務める。89年から東京に進出し、数多くのバラエティ番組に出演。「アヘアヘ」「ア〜メマ！」「かい〜の」などのギャグで一世を風靡する。2008年12月17日に大阪をスタートし、マラソンとヨットで世界一周をする「アースマラソン」に挑戦。がん治療による中断を経て、11年1月21日、なんばグランド花月で見事ゴール。22年2月、吉本新喜劇のGMに就任。後進の育成に努めている。

EPISODE 11

笑福亭仁鶴「開発の鬼」

威風堂々と移動する異次元の光景

大阪でお笑いの取材をするようになって24年。当たり前のように「なんばグランド花月《かげつ》（NGK）」に通うようになって24年。そんな生活をしていると、日々、いろいろな芸人さんに会います。

「なんとも言えない巨漢がいるな……」と思ったら、「まるむし商店《しょうてん》」の東村雅夫《ひがしむらまさお》さんだったり、「アレ？　掛布雅之《かけふまさゆき》さんかな」と思ったら、同じような髪形の「ケツカッチン」高山《たかやま》トモヒロさんだったりします。

そんななか、ほかの誰とも違う、独特のオーラを放つ人がいらっしゃいました。種類が違うのではない。序列が圧倒的に上なのだ。ヒエラルキー最上位。そんな空気がヒシヒシと伝わってくる。

それが、笑福亭仁鶴《しょうふくていにかく》さんでした。

若手記者の頃、幾度となく見た光景がありました。

吉本興業の社員さん、そして、タレントさんは忙しい人が多く、歩くスピードも一般的な人と比べて速いように思います。

その中を、仁鶴師匠はゆっくりと歩かれるのです。まさに、威風堂々。

そして、仁鶴さんは建物の中を移動するとき、一回もドアを開けません。誰かがついていて、先に開ける。もしくは、居合わせた誰かが瞬時に開ける。仁鶴さんが自分の筋力でドアを開けている姿を見たことがありません。

「これは、なんなんだ……」。若手記者の頃は、シンプルにそう思っていました。

ただ、この仕事での時間を積み重ねるなかで、その意味がわかってきました。

革命的だった二段、三段オチの導入

２０２１年、仁鶴さんは亡くなりました。なんとも切ないきっかけではありましたが、今一度、あらゆるかたがたに、仁鶴さんについて取材をしました。

もちろん、こちらから取材の打診をしたかたもいましたが、驚いたのは、あらゆるかたから、「中西君、これだけは知っておいて」と、逆に「取材して」の連絡があったことです。

いかに仁鶴さんの功績が大きく、そして、後世に残しておくべきものなのか。それを物語る流れでした。

そのうちの一人が、漫才コンビ「B&B」の島田洋七《しまだようしち》さんでした。

「師匠の人柄についてはいろいろな人が話をされてるけど、師匠のテクニカルなすごさがあまり伝えられていないので、そんな話をできたらと思うんやけど」

当時の取材メモを振り返ります。

僕が嫁さんと駆け落ちして九州から大阪にたどり着いたのが、21歳のとき。今から50年以上前ですわ。

大阪に住んでいた野球部の先輩から、「せっかくの大阪なんやから、お笑いを見たほうがいい」と言われて、当時のなんば花月に行ったんです。

お笑いなんてほとんど見たことがなかったし、知識もなかったんやけど、トリで笑福亭仁鶴という人が出てきた途端、聞いたことないような歓声が上がったんですよ。ほんでまた、ネタがムチャクチャオモロい。客席も大爆笑につぐ大爆笑ですよ。

15分の出番を終えて、その人は楽屋口からロールスロイスに乗って帰って行った。

「15分しゃべって、この車に乗れるんや……」と思ったのが、芸人の道を志したきっかけです。

そこから、吉本興業に見習いみたいな感じで入るんですけど、入ってからはとにかく、先輩の舞台を見て勉強するわけです。そこでいちばん勉強させてもらったのが、仁鶴師匠でした。

僕らと同じ漫才師の「横山《よこやま》やすし・西川《にしかわ》きよし（8ページ参照）」師匠のネタも、もちろん勉強させてもらいます。けど、僕のB＆Bでの立ち位置というか、僕がバーッと、ほぼ一人でしゃべっていくというスタイルにおいて、一人しゃべりの仁鶴師匠の存在は、とても大きかったんです。

まず、ダントツにウケている。なぜ、そこまでウケるのか。当時はまだ周りがやってなかった二段オチ、三段オチを、一人でしゃべるなかで入れてたんです。

「この間ね、全国ネットの『ボンカレー』のコマーシャルを撮ってきたんです。コマーシャルって短いでしょ？　でもね、ボンカレー、ボンカレーばっかり言うて、気がついたら11時間経《た》ってましたわ」

これでもオチてるわけです。ＣＭは短い、とネタを振って、11時間で回収してるわけです。それを仁鶴師匠のキャラクターと口調で話すので、この時点で十分ウケてるわけです。
でも、そこで仁鶴師匠は終わらんのです。

「……ま、言われたらまたやりますけど」

ここで二段オチになるわけです。
時代とともに、笑いもどんどん進化してますけど、当時、この〃もう一ついく〃というのがなかった。仁鶴師匠は、明らかにシステムとしても新しいことをやっていたんです。だから、あれだけウケたし、売れたんです。
そうこうしてるうちに、僕らもだんだん売れてきて、出番もトリの仁鶴師匠の一つ前くらいになってきた。そのときも、もちろん仁鶴師匠のネタは見てたんですけど、ある日、師匠から言ってもらったんです。

「これだけ売れても、まだ見てんのかいな（笑）。ま、一人やったら、二段オチ、三段オチがギリギリのラインや。

でも、漫才やったらさらに四段、五段といけるかもしれん。考えてみたらよろしい」

ネタの仕組みの話なんて、仁鶴師匠は自分からおっしゃることはありません。でも、当たり前やけど、全部考えてやってらっしゃったんやと。ポツリとおっしゃったなから、無限の奥行きみたいなものを感じました。

どれだけ仁鶴師匠が笑いと向き合い、次々と発明品を生むために研究をされているのか。ホンマに短い言葉でしたけど、そこにあらゆるものが詰まっていた気がしましたね。

「B&B」のネタで、「最近は英語の勉強もせなアカンわね。おまわりさんはポリスマン。守衛さんはガードマン。八百屋さんはピーマン……」と進んでいくのがあるんです。

まず、その「ピーマン」のところでウケるんです。

ただ、そこから二段、三段とやっていかなアカンと思うから、

「なんでピーマンやねん！　八百屋のオッサンがピーマンやったら、酒屋のオッサン

はキッコーマンやないか。ほんで、アタマがさびしかったら〝薄口もあります〟となるんか！」

と作っていったんです。これで三段まではいってるわけです。これなんかは、完全に仁鶴師匠のシステムを使わせてもらっているパターンですわね。

そうやって何段も重ねるのもありましたし、さっきまでしてた話をスコンとすかす笑いもやってらっしゃいました。

今では当たり前みたいに使われているものですけど、それを発明する。それがいかに大変なことか。それだけは言っておきたい。

盟友・ビートたけしさんや、弟弟子の島田紳助《しまだしんすけ》さんからも畏怖の念を持たれている洋七さんが、「これだけはどうしても言っておきたい」と話された技術論。聞きごたえがないわけがありません。

世界遺産を再建する作業のように細心の注意を払って原稿にしたことを、鮮明に覚えています。

低迷期の吉本興業を支える獅子奮迅の活躍

さらに、古参の吉本興業OB社員のかたからも、熱い電話をいただきました。「中西君に、僕が見聞きしたことを伝えておこうと思って」ということで、電話口で熱のこもった話を聞きました。取材メモをそのまま再掲します。

全盛期のウケ方は本当にすさまじく、なんば花月時代の音響さんの話によると、「やすきよ（横山やすし・西川きよし）」や「紳竜（島田紳助・松本《まつもと》竜介《りゅうすけ》）」などの爆笑漫才は多々あったが、仁鶴さんほどの歓声はなかった。めくり（現在の出演者名を書いた紙製の札）が出た時点で、そのレベルの音声。

当時の劇場は音響設備も悪く、そこにキャパシティをはるかに超える超満員のお客さん。そうなると、最後列のお客さんにはハッキリ言って、声は届かない。

紳助が「聞こえへんぞ！」と怒鳴る客とケンカしたというエピソードも、この音響の悪さに起因しているところがある。それくらい、音響は万全ではなかった。

若手バリバリの元気な漫才師でもそれくらい声を届けにくいなかで、仁鶴さんは常に声を響かせ、爆笑を取っていた。だからこそ、喉を酷使して喉を潰すことにもなってしまった。幾度となくポリープ手術をした。

芸人にとって命ともいえる声を失う覚悟で、日々、観客を笑わせていた仁鶴さん。それを当時の林《はやし》正之助《しょうのすけ》会長もわかっていたからこそ、「仁鶴を大事にせぇ」と強く社員に言い聞かせていた。

当時は松竹芸能に大きく水を開けられ、勝負できる芸人がほとんどいないなか、仁鶴さんが獅子奮迅《ししふんじん》の活躍。当時を知る「今《いま》いくよ・くるよ」さんらは、「乾いたぞうきんをさらに絞るくらいの働きぶりだった」と証言している。プロとはなんなのか。それを芸人にも見せてきた。

弟弟子にあたる笑福亭鶴瓶《しょうふくていつるべ》さん（174ページ参照）いわく、「6代目笑福亭松鶴《しょうふくていしょかく》師匠はもちろん、今でもしゃべるときに緊張するのは仁鶴兄さん」。

尊敬、そして、畏怖が入り混じった感情。電話でも緊張するし、仁鶴さんと話すときは、携帯電話では話せない。なにかの折に電波が悪くて通話が途切れたらダメなの

―――で、必ず固定電話で話す。それを徹底するほどの思いを仁鶴さんに持っている。

「そら、誰もドアを開けさせへんわ」

そんな言葉しか出ませんでした。

そして、本当に悲しいトリガーではありますが、何かがあったときに、「中西君にこれだけは言っておきたくて」と言われる生き方をしておかなければいけません。それも、この仕事をするうえでの矜持《きょうじ》となりました。

そうなれたら〝うれしかるかる〟な48歳。

笑福亭仁鶴

1937年生まれ、大阪府出身。吉本興業所属。61年、6代目笑福亭松鶴に入門。70年、第3回大阪府民劇場奨励賞受賞。74年、「上方お笑い大賞」で大賞を受賞。2002年、第53回日本放送協会放送文化賞受賞。桂三枝（6代目文枝）と吉本落語家の顔として活躍。86年から2017年まで司会を務めた「バラエティー生活笑百科」（NHK）では「四角い仁鶴がまぁるくおさめまっせ～」のセリフで人気に。CM「ボンカレー」も話題を呼び、「どんなんかな～」などのギャグも生み出した。21年8月逝去。

EPISODE 12

「揺るがぬ相方への親愛」

真栄田賢（スリムクラブ）

異業種の垣根を超えた僕の気の合う仲間

僕は中学、高校、大学と、ラグビーに打ち込んでいました。

この歳になって強く思います。いいスポーツをやっていてよかった。当時の自分よ、しんどかっただろうけど、その後、たっぷり利子がついているぞ。

そんなことをあらゆる局面で感じます。チームメイトはもちろん、仕事の面でもラグビーという共通項でグッと距離が近づく。人間関係を築く大きなきっかけになる。それを幾度となく体感してきました。

その流れだけでは収まらないくらい、気の合う仲間。

「気の合う仲間」なんて言葉、安易で、陳腐で、あまり好きではありません。でも、この言葉の存在意義を噛《か》みしめさせてくれるのが、「スリムクラブ」の真栄田賢《まえだけん》さんです。

大阪での番組収録後に、僕の家の近所のお店でこれでもかと飲む。翌日は僕も真栄

田さんも同じ番組に出演。夜まで番組収録をし、テレビ局が用意してくれた新幹線チケットでその日のうちに東京に戻る。それが真栄田さんの通常のルーティンです。

でも、真栄田さんはクシャッとした笑顔でこちらに歩み寄ってきて、こう言います。

「中西さん、もしよかったらなんですけど、俺、自分で宿を大阪に取ったので、今晩も行きませんか？」

こんな流れをサラッとする。これは最大級の可愛げであり、最大級にうれしい流れです。

真栄田さんもラグビーに勤《いそ》しみ、沖縄選抜にも選ばれました。それが、最初に話をするきっかけでした。ただ、なんでしょう。僕は沖縄に縁もゆかりもないですが、なんとも言えない親しみを沖縄に感じるのです。

それは、吉本興業が主催する「沖縄国際映画祭」に毎年取材に行き、1週間くらい向こうで過ごすことを続けてきた影響かもしれませんが、それだけで割り切れない親愛の情が湧き上がります。

大学時代に衝撃を受けた内間のお笑いセンス

説明できない親しみやすさ。２０１７年に、真栄田さんに相方《あいかた》・内間政成《うちままさなり》さんへの特別な思いをインタビューで聞いたとき、うまく説明できませんが、親しみが確信となりました。

以下、当時のインタビュー内容です。

もともとは琉球大学の先輩と後輩だったんです。僕が先輩で、普通に仲はよかったんですけど、あくまでも先輩・後輩の関係。ただ、そこで強烈な経験をしまして。それが、のちのちまで大きく影響してくるんですけど、とにかく衝撃でした。

大学からの帰り、二人で歩いてたんですけど、ナニな話、たまたま道にゲロがあったんです。これがね、さらにナニな話なんですけど、見事なまでに一色だけのゲロでして。それを、内間がしげしげと見て言ったんです。

「真栄田さん、この人、一品しか食べてないですね」

このうえなくシンプルだけど、それでいてオリジナリティがある。すごいなと……。そこからはコンビとなって二人の関係性がグッと近くなるというか、深くなるというか。今までの仲良しの先輩・後輩では見えなかったところまで見えてきました。

というのは、内間は、本当に自分に自信がないんです。

飲み屋とかで内間と話しているときは、すごく楽しいんです。優しいし、しゃべり方もゆっくりして独特だし。

でも、内間は自信がないから、舞台に出ると、すぐに「自分じゃダメだ……」って思って〝誰かになろう〟としちゃうんです。たとえば、「ダウンタウン」の浜田《はまだ》（雅功《まさとし》）さん（34ページ参照）みたいに強くツッコんでみたり、「フットボールアワー」の後藤《ごとう》（輝基《てるもと》）さんみたいに技術的にうまいこと言おうとしてみたり。

日頃から、ずっと、ずっと、言ってるんです。

「お前は、お前でいいんだよ。いつもの内間でいいんだし、それが何よりの味だから。飲みに行っても、みんな笑うだろ？　だから、そのままでいいんだよ。お前本来の、ゆっくりした、そして、優しいしゃべり方でいいんだよ」って。

でも、本番になると、誰かになっちゃう。自信がないから、既存の成功例に乗っかっていこうとしちゃうんです。

僕は、普段の内間が面白いと思っているので、その内間を想定したネタを書いているのに、急に〝変身〟されちゃうと内容と合わないので、ウケなくなるんです。

コンビを組んでから、毎日、「お前でいいんだよ」って、同じことを言いました。

そして、結成から5～6年経った頃になって、それが浸透してきて、少しずつ、少しずつ、内間らしいゆっくりしたしゃべり方が出るようになってきたんです。

すると、しゃべり方に無理もないし、本当にそういうしゃべり方なのでリアリティもあるし、独特の間になってもお客さんが待ってくれる。そして、そこでたっぷり間を取ってから出すひと言というのは、確実にウケるんです。そうやって、成功体験が出てくると、また次もゆっくりしゃべろうとする。

そういう積み重ねで、内間本来のしゃべり方の割合がわずかながら日々、増えていったんです。

ただ、光が見えるまでの5～6年間は、正直、長かったです。吉本のライブでトーナメントみたいなのがあって、なんとか決勝まで勝ち上がった。あと一つ勝てば優勝というところで、また内間が誰かになるクセが出ちゃって、負けてしまう……。それは悔しいし、残念でなりません。そんなことが多々ありました。ただ、それでも、それでも、絶対にいけると確信していたんです。

その源は、あの〝一品〟発言。あれを聞いてますから。何があっても、あのセンスを出せば、必ずウケる。実際、普段、その感覚でしゃべっている内間は本当に面白い。今は彼に自信がないからそれを出せないけど、出せばいける。それを信じていたんです。

M-1グランプリの出番5分前、内間が発した感謝の言葉

そして、はい上がるには「M-1グランプリ」しかない。ここが一世一代の大勝負。その思いが、決勝当日、一気に押し寄せてきてしまった。僕はガチガチに緊張して、余裕が全くなくなってしまったんです。

そんななか、本番の生放送がスタート。「絶対に、ここで失敗できない……」という感覚がより強くなって、もっと自分をがんじがらめにしているのがわかるんです。で

も、考えれば考えるほど、そこにはまっていく。

そうしているうちに、出番5分前になって、スタジオに向かうことになりました。ステージ裏に続くエレベーターがあって、そこでは極限状態にまでガチガチになっていました。

「これはダメだ」。さすがにそう思った瞬間、内間がポンと俺の肩を叩いて言ったんです。


「真栄田さん、今までありがとうございました。僕、本当に真栄田さんに感謝しています。それを今、どうしても伝えたくて……。

僕、ポンコツじゃないですか。ネタも覚え切れない。ネタも書けない。噛《か》む。緊張する。本当にポンコツってわかります。そんな僕が、日本の漫才師の9組にまで選ばれました。全部、真栄田さんのおかげです。本当にありがとうございます。

僕が見たところ、真栄田さん、今日、調子悪いでしょ？　実は、僕、今日、絶好調なんです。

だから、僕を見ててください。僕は真栄田さんが好きだし、真栄田さんのネタが大好きだから、僕は真栄田さんが言ったことで絶対に笑います。今日はいつも以上に笑うと思います。

だから、真栄田さんは笑ってる僕だけ見ててください。だったら、何も心配することないでしょ？　ここまで連れてきてくれて、本当にありがとうございます。じゃ、楽しい漫才をやりましょう」


一気に涙が出ました。今でも、話してると泣いちゃいます……。

そして、颯爽《さっそう》とエレベーターに乗った瞬間、あいつ、つまずいてコケたんです（笑）。一瞬で感動と笑いがやってきて、気づいたら、ふと普段の自分に戻っていたんです。

だから、「M-1グランプリ2010」の映像を見てもらうとわかるんですけど、登場した瞬間、俺、ものすごく笑顔なんです。

「M-1」で人生が変わった。そして、変えることができたのは、あの場で感謝してくれて、そして、コケてくれた内間のおかげ。ずっと俺が「自信を持て、自信を持て」と言っていた内間に、最後に、「真栄田さん、あなたでいいんだから。自信を持ってください」ってね。不思議なもんだと思います。

こんな仕事をしていると、不感症というか、何を見聞きしても、「ま、そんなもんだろう」と思うようになってしまいます。ただ、この話は純粋に震えました。人心《じんしん》を引き寄せる磁力。計算ではない馬力。「M-1グランプリ」で審査員も務めた島田洋七《しまだようしち》さんも取材をしたときに、言及されていました。

いわゆる吉本興業の闇営業騒動があったときに、「スリムクラブ」と謹慎中にも会って、メシを食ったんですよ。

お前ら「M-1」で2位になったか知らんけど、そこから落ちてるだけやん。タレント気分か知らんけど、今は芸を磨いてへん。芸で認められたんやから、芸を磨き続けなアカン。

そんな話をしたら、泣いてました。

今は相当、漫才の稽古《けいこ》をしているみたいです。鍛えて鍛えて、人の3倍面白かったら、絶対に使われる。頑張りがいがあると俺は思いますよ。

厳しさの裏に優しさがある。それをMAXで感じた言葉でした。

こんな言葉を、何もかもを見てきた大師匠に言わせる。その空気こそが何よりの財産なんだとも思います。

ま、いろいろしゃべりたいこともあるし、四の五の言わず真栄田さんと飲みに行きたい48歳。

真栄田賢

1976年生まれ、沖縄県出身。吉本興業所属。琉球大学教育学部卒業。2005年、大学で知り合った内間政成とお笑いコンビ「スリムクラブ」を結成。「エンタの神様」（日本テレビ系）で「快物フランチェン」のネタで注目を集める。10年、「M-1グランプリ2010」で準優勝。19年6月、闇営業にコンビで参加したことが判明し、活動を自粛。同年8月から活動を再開。「探偵！　ナイトスクープ」（朝日放送テレビ）の探偵メンバーとして出演するほか、コンビでもテレビや劇場公演に精力的に出演している。

EPISODE 13

あいはら（メッセンジャー）「合縁奇縁を知る千里眼」

公私ともに〝兄貴〟

「夫婦とはコブラツイストをかけながら歩いていくようなもの」

ラジオ内で「メッセンジャー」のあいはらさんが放たれた名言です。

痛み、複雑さ、そして、離れるに離れられない一蓮托生《いちれんたくしょう》。夫婦が持つあらゆる要素を見事に表した言葉でした。

しかし、あいはらさんはそこで止まりません。〝回転体〟と称されたプロレス団体・UWFの攻防のようなレトリックが、さらに流れていきます。

「倒れたら倒れたで、そのままグラウンドコブラで3カウントの取り合い」

他人が一緒に暮らすという事実。夫婦の難しさと脆弱《ぜいじゃく》さ。だからこそ生まれる歩みの重み。そんな真理を「釣りバカ日誌」的コミカルさで瞬間燻製《くんせい》し、エンターテインメントのフレーバーを乗せてお客さんに供する。

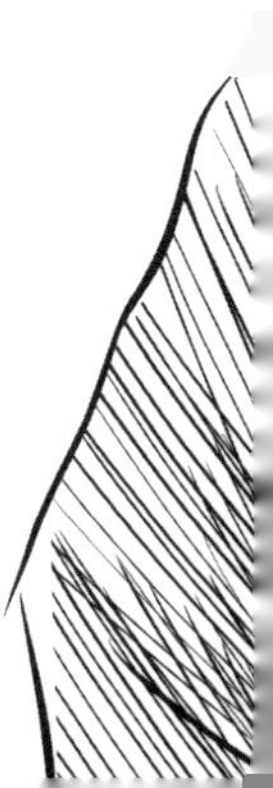

この技術。そしてセンス。ミシュラン1000000000000つ星です。

あいはらさんとは、2005年に読売テレビ「なるトモ！」をきっかけにご縁をいただきました。以来、このコンプライアンス命の世の中では文字化するのがはばかられるような、〝互いの急所を握りながらのローリング・クレイドル〟のような日々を過ごしてきました。

僕が結婚する2012年まで、多いときは週に5日は飲んでいました。「昼の相方《あいかた》は黒田《くろだ》（有《たもつ》）。夜の相方は正男《まさお》ちゃん」。そんなありがたい言葉もいただきました。

僕が結婚してデイリースポーツも辞めてからは、ラジオにイベント、公私ともにご一緒させてもらう関係に進化しました。これでもかと話し、これでもかと酒を飲む。それでもまだ、いちリスナーとして笑い、心も打たれています。

あいはらさんがクリエイター投稿サービス「note」を始めたのが、2021年1月。その場にも僕は居合わせていました。

自己紹介文を記入しないといけないのですが、あいはらさんは「紹介文、ボロクソに書いといてぇや。もちろんのことやけど」と、僕に携帯電話を渡しました。

僕は、「紹介文、ボロクー」のあたりで、すでに「漫才コンビ『メッセンジャー』のまだ捕まってないほう」という書き出しを書き終えていました。ま、そんな関係です。

今回、原稿を書くのにいちばん苦労したのが、あいはらさんでした。親兄弟以外に親兄弟みたいな人間ができる。そんなことを見せてもらったのもあいはらさんですが、そんな人にいざ感謝の手紙を書く。しかも、本という公に残る物の中で……。書いては消し、書いては消し。賽《さい》の河原みたいな時間が続きました。

僕にとっては、確実にこの人が〝兄貴〟です。あまり細かく綴るのははばかられますが、ウチの身内に切ないことがあったときにも泣いてくれました。しゃべり方もどんどん似てきています。

相方が逮捕された日の夜、自宅にて……

そして「『メッセンジャー』のまだ捕まってないほう」ではないほう、相方・黒田さんが逮捕された日にも、話をしました。

「えらいことや……」

2009年12月26日午前6時32分。携帯電話に2回連続で着信がありました。

当時、僕はデイリースポーツの芸能担当記者。ほぼ毎日、あらゆる人とハシゴ酒をし、早朝は確実に夢の中。

着信に気づいたのは、確か、毎日放送の「せやねん！」が始まっていたので、午前9~10時台だったと思います。

一気に脳がフルスロットルになりました。発信元はあいはらさん。早朝に2回の着信。これはただごとではありません。

すぐに難波《なんば》に向かいました。

当時、MBSラジオ「それゆけ！ メッセンジャー」は毎週土曜、なんばパークスの特設スタジオで公開生放送されていました。

とにかく、あいはらさんと会って話す。そのために難波に向かいました。ネットニュースでは、あいはらさんの相方・黒田さんに大きなトラブルがあったことが報じれています。

番組終了後、あいはらさんと話しました。そして、その日の夜、あいはらさんのお宅にお邪魔して、ご飯をいただきました。

テーブルを囲んでいたのはあいはらさん、あいはらさんの奥さん、あいはらさんの小学校からの親友、そして僕でした。

渦中の人物になった黒田さんの相方。当然、多くの記者があいはらさんにコメントを求めるため、いわゆる〝出待ち・入り待ち〟をしていました。ただ、現役バリバリの芸能記者である僕が、あいはらさんの家で一緒にご飯を食べている。

僕の生き様が明確に定まったのが、その夜だった気がします。

僕などが綴るまでもなく、「メッセンジャー」というコンビは、二人とも才能豊か。そして、どちらも個性が強い。漫才コンビは仲良しこよしではありません。仲良くするのが正解でもありません。

ただ、この二人はとりわけ、緊張関係が強いコンビでもあります。

そして、トラブルの前から黒田さんの酒グセに関しては、あらゆる芸人さんが、あらゆるところで心配をしていました。

腕がある唯一無二の芸人さん。それだけに、みんなが心配する。その流れが少しずつ仕事にも影響をもたらす。それを最も感じていたのは、相方のあいはらさんでした。

「酒が残ってる日は、いつもより少しずつ間が遅くなる。お客さんにはわからんかもしれんけどオレにはわかるし、本当に微妙なもんやろうけど、それで笑いの量も変わる。そうなると『こいつ、こんな状況で来やがって』と腹が立つのも正直な思いやで」

そんな思いと日々向き合ってきたあいはらさんが危惧してきた、ど真ん中のトラブル。夫婦のみならずコンビも一蓮托生です。片方にトラブルがあれば、当然漫才はできません。その分の収入は入ってきません。行く先々で、コンビとしての仕事が成立しないことも謝らないといけません。

同じ船に乗っている者としての宿命かもしれませんが、その胸中をこれでもかと聞きました。

そして、最後の最後、それまで僕の顔を見ながら語っていたあいはらさんが、ふと視線を外して言いました。

「でも、ま、黒田を助けてやれるのは、俺しかおらんもんな」

切っても切れないコンビの絆《きずな》。

言葉にすると一気に陳腐になります。でも、その本質を痛感した夜でした。

「メッセンジャー」を想定して漫才台本を書いた憧れの存在

「合縁奇縁《あいえんきえん》」とは言いますが、あいはらさんとはそれを本当に感じます。

僕は、小さい頃から吉本興業の月刊誌『マンスリーよしもと』を愛読し、自分が好きなコンビのネタはビデオに録画して文字起こしをするような子でした。そして、本格的にお笑いを見るようになって、「この人、面白い人やなぁ」と思ったのが、あいはらさんでした。

今に至るまで、僕の個人的な笑いの好みは、「奇をてらわないストレートなネタで、そこに毒や生き様が乗っかっている漫才」。まさに「メッセンジャー」はそのど真ん中。さらに、僕が特に「この人、面白い人やなぁ」と思ったのがあいはらさんなのです。

今から約20年前、デイリースポーツの記者として読売テレビの演芸番組「ＺＡＩＭＡＮ」の漫才台本の募集に応募しました。そして、ありがたいことに賞をいただきました。

当時、日進月歩で技術が進んでいた携帯電話の未来系みたいなことを描いた台本で、高齢化社会に応じて、メールアドレスの代わりに戒名が登録できる。着メロの代わりに、人によって異なる線香のニオイが漂ってくる。

そんな中身でしたが、この台本をやってほしい想定演者として僕が書いていたのが「メッセンジャー」でした。

時を経て、経て、２００５年から読売テレビ「なるトモ！」であいはらさんと毎週お会いするようになり、そこから、濃厚接触という概念を佃煮《つくだに》にしてどんぶり鉢でかき込むような日々を過ごしてきました。

その人と、今も、当たり前のように番組で共演している。当たり前のように、ほたえている（関西弁で「ふざける」の意）。人生とは面白いものです。

こんな話、どこかしこで言う話でもないし、いざ言うにしても照れ臭さも思いっ切り内在するし、あまり出してこなかったんですけど、ここでザーッと綴りました。

本を出すという一大事を隠れ蓑に、一切見直しもせず照れを封じ込めながら書き逃げする48歳。

あいはら

1969年生まれ、大阪府出身。吉本興業所属。91年、黒田有とお笑いコンビ「メッセンジャー」を結成。2006年、「上方お笑い大賞」大賞。03年、「上方漫才大賞」最優秀技能賞、07年、同大会大賞を受賞。関西を中心に人気を博し、多数のレギュラー番組で司会を担当するも、09年12月、相方の黒田が傷害容疑で大阪府警に逮捕される。10年1月に釈放され、同年4月、舞台でコンビ活動を再開した。20年、「加湿器肺」を発症し、一時は意識不明の重体に陥るも回復した。

EPISODE 14

笑福亭鶴瓶「ほんまもん」

直接、自ら出向いて挨拶に行く

ほんまもん。

あらゆる才能が渦巻くお笑いの世界において、他を圧倒する要素の一つがこれだと、僕は思っています。

「ほんまもんにはかなわない」

幾度となく、あらゆる芸人さんから、この言葉を聞いてきました。

規格外に打たれ強い。規格外に天然ボケ。規格外にねじ曲がっている。そして、規格外に面白い。

そういった領域を指して「ほんまもん」という言葉を用いることが多いのですが、僕みたいな立場の者でも、ほんまもんの強さは痛感しています。

笑《しょう》福《ふく》亭《てい》鶴《つる》瓶《べ》さん。

おこがましさの極致ながら、断言します。

このかたは、ほんまもんです。幾重にも。

お弟子さんの笑福亭銀瓶《しょうふくていぎんぺい》さんにインタビューしたときにも、間接的にそれを痛感しました。銀瓶さんが考える〝鶴瓶イズム〟を文字化すると、「何ごとも適当にしない」とのことでした。

あれだけ売れ続けていても、そして、古希《こき》を過ぎようとも、今でも毎日、ネタ帳をつけ、新しい面白さを模索する。

さらに、日常生活においても、それは徹底されていると言います。何か恩義を感じたら、すぐにお礼を言う。どんな細かいことであったとしても、相手のところに直接出向いて話をする。

弟子ながら、この師匠の振る舞いはすごいと思う。そうおっしゃっていました。

できそうで、なかなかできない。ましてや、日々、スケジュールに追われる超売れっ子となれば物理的にも難しくなりますし、周りに的確に動いてくれるスタッフさんもたくさんいるはずです。それでも、自ら足を運ぶ。

何がどう変わるものか、正確な統計など残るものではありませんが、その積み重ねが今の鶴瓶さんを築いている。

そう確信しますし、僕自身も鶴瓶さんの〝その顔〟を直接見たことがありました。

感動のあまり書き殴った、当時の取材メモを振り返ります。


2007年8月。漫才コンビ「メッセンジャー」のあいはらさん（164ページ参照）主催のトークイベントが大阪・うめだ花月《かげつ》が行われた。イベントには僕も出演。

「チュートリアル」ら人気者が多数出演していたため、終演後は、楽屋口にファンの女性が殺到。その中に、明らかに場違いなオッチャン。

ニット帽を目深に被ったオッチャンが、ツカツカとこちらに近寄ってくる。「イタいファンか?」とみんなが身構えた瞬間、聞き慣れた声で「ごめん、ごめん、あいはら。俺や」。帽子を取って顔を見せると、鶴瓶さんだった。

うめだ花月のイベントの数日後、鶴瓶さんが毎月ゲストを招いて行う「帝塚山《てづかやま》 無学の会」というイベントがあり、その回のゲストが「メッセンジャー」だった。

「今度、会に出てもらうのに、黒田《くろだ》（有《たもつ》）のほうは携帯番号を知ってたから、電話で話をしてスムーズにお礼ができたんやけど、あいはらの番号を登録してなかったから。『よろしく』と言おうと思って」

その言葉だけを残し、鶴瓶さんはサッと夜の闇へと消えて行った。

あいはらさんのスケジュールを調べ、うめだ花月の関係者にも伝えることなく、一般客としてチケットを購入。ファンに混じってあいはらさんの〝出待ち〟をし、「よろしく」とだけ言って帰る。その日の打ち上げは、鶴瓶さんの話一色となった。

今のご時世、なかなか人に直接会いに行くことができません。そのぶん、リモートなど、そこを補うツールや方法が多々生まれています。

でも、この世の中の基本は、人が人を動かすこと。

そして、人を動かす最大の要因は、〝心〟です。

この真理だけは世の中がどうなろうと、絶対に変わることのない部分だと強く感じました。

相手の熱意を酌み、断っていた連載を受諾

逆の立場からも、人の心を動かすのは人の心だけ。それを教わりました。

もう20年近く前の話になりますが、当時、デイリースポーツの記者だった僕に、デスクから連絡がありました。

「鶴瓶さん、ずっとデイリーを購読しているとお公言してくださっているし、なんとか連載をやってもらうことはできないだろうか」

すぐに関係者に打診をしましたが、種々の流れから、なかなか難しそうな空気を感じました。

ただ、デスクを含め、会社としてもかなり熱を込めた企画だったこともあり、デスクと僕が、鶴瓶さんに直接打診をする機会をいただきました。

なぜ、鶴瓶さんに連載をやってもらいたいのか。それに、どんな意味があるのか。

もともと、鶴瓶さんのファンでもあったデスクが、思いの丈をストレートな言葉で表しています。

それに対して、鶴瓶さんも、これまで連載企画などは断ってきたという話。そして、その理由について、真正面から話してくださいました。

ただ、それでもデスクがむき出しの気持ちを鶴瓶さんにぶつけます。その結果、短期集中連載という形で、鶴瓶さんが受諾してくださいました。

そして、その流れで鶴瓶さんのラジオにデスクが出演するという流れまでいただきました。

気持ちには気持ちで。

これまた、言葉にすると無味乾燥になってしまいますが、その意味も、身をもって教わりました。

挙式前日、新郎からの不躾なお願いに……

芸人さん以外のかたからも、同じような話を聞きました。

結婚するときの証人をお願いするくらい、鶴瓶さんと親交の深かったとある俳優さんが結婚式に際して、あるお願いをしました。

人前式で開催する結婚式。そこで神父さん役を鶴瓶さんにお願いできないか、と。

ただ、そんなことをいきなり頼むのは不躾《ぶしつけ》の極み。でも、でも、やってもらいたい。

そうやって悩んでいるうちに、挙式前日になってしまったそうです。

それこそ、不躾の極みの極みになることを承知のうえで、その俳優さんは鶴瓶さんに電話をしてみました。

「本当に申し訳ないんですけど、実は明日、神父役をやっていただけないか、というご相談でして」

意を決して振り絞った言葉だったそうですが、その問いかけが終わるか終わらないかくらいのところで、鶴瓶さんから、

「全然、かまへんよ」

との答えが返ってきたといいます。

さらに今度は、鶴瓶さんから問いかけがありました。

「……せやけど、カツラはどうするんや？」

「いや、衣装はともかく、ヅラは要りますかね？」

と俳優さんが返すと、

「そら、ヅラは要るやろ。オレが新婦役をするんやろ？」

こちらが考えていたことよりさらに高いハードルであったとしても、相手のためになるなら、「やるで」の一言で返す。

この積み重ねがすべて。そして、これをやり続けられるのが、「ほんまもん」だと思います。

生き様なんてものは、簡単にマネできるものではありません。

その真理を理解しつつも、エッセンスだけはいつまでも「覚えているよぉ」でいたい48歳。

笑福亭鶴瓶
1951年生まれ、大阪府出身。松竹芸能所属。72年に6代目笑福亭松鶴に入門。関西で活動後、東京に進出し、「笑っていいとも！」（フジテレビ系）、「ザ！　世界仰天ニュース」（日本テレビ系）など、数多くのバラエティ番組で活躍。テレビ・ラジオのほか、俳優として映画にも出演し、主演を務めた2009年公開の映画『ディア・ドクター』では、多数の賞を受賞した。08年から上方落語協会副会長を務める。18年「第69回日本放送協会放送文化賞」、19年「第69回芸術選奨文部科学大臣賞」を受賞。

EPISODE 15

正司敏江「松竹芸能のタイガー・ジェット・シン」

昔ながらの芸人道を貫いたガラパゴス的存在

アップデート。

スマートフォンやパソコンなどの機器のみならず、ここ数年、芸人さんのなかでも、この言葉を頻繁に聞くようになりました。

世の中は劇的に変わっています。

ハゲをハゲと言わない。チビをチビと言わない。ブサイクをブサイクと言わない。いつの間にか、女芸人に「ブサイク」と言う流れがなくなりました。オネエの人が罰ゲームとしてキスをしに来る流れもなくなりました。

その価値観に則《のっと》って笑いを作っていく。それが求められます。

笑いは世の中の映し鑑《かがみ》です。世の中が笑っているうちはそれを笑いのネタにするし、もう、みんなが違和感を覚えるようになったら使わない。ここはシビアであり、シンプルな法則でもあります。

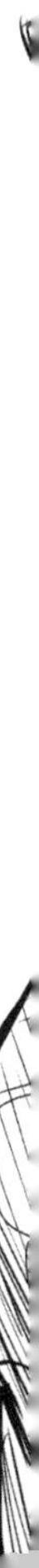

気づかぬうちに変わり、画一的になっていく。それが今の流れです。だからこそ、これまでの形を変えない〝ガラパゴス芸人〟さんにとって、今は相対的に存在意義が上昇する時代だとも思います。

本来、今こそ値打ちが出たであろう。そう悔やまれるのが、2021年に鬼籍に入られた、正司敏江《しょうじとしえ》さんです。

敏江さんは、昔ながらの芸人道を貫いたガラパゴス的存在であり、タイムカプセル的存在でもありました。

メジャーなかたからホンモノまで、僕が直接見聞きした芸人さんエピソードを、僕なりの筆致で綴る。そんな一冊を制作するにあたり、敏江さんから学んだことをスルーするわけにはいきません。

2002年1月31日、道頓堀《どうとんぼり》の「浪花座《なにわざ》」が閉館する日、僕はデイリースポーツの記者として取材に行きました。

江戸時代からの流れを汲《く》む伝統ある寄席が、フィナーレを迎える。松竹芸能のホームグラウンドとなっていた劇場だけに大ベテランから、当時若手ホープだった「ますだおかだ」のお二人など、〝オール松竹〟というべき面々が集いました。

最後という寂しさを強烈な笑いで払いのける。そんな芸人さんの矜持《きょうじ》に溢《あふ》れた舞台が展開されていました。


そして、僕は取材の流れでドタバタと、楽屋にも行き来していました。

舞台上とは全く違う面持ちで、劇場への思いを切々と語るベテラン芸人さんも多数いるなか、舞台上と見まがうような、ハリのある声を出している人がいました。

座布団の上に、小さな札を出しては叫ぶ……。敏江さんは、久々に会った昔なじみの芸人さんと、勢いたっぷりに花札に興じていました。


2011年3月。松竹芸能が手掛けるビッグプロジェクトの会見が行われ、社員さん、そして、ベテランから若手に至るまで多くの芸人さんも出席していました。

まさに松竹としての社運を賭けたような大きな会見。社長さんも出席し、みなが神妙な面持ちで臨席しています。

そのなかでも異彩を放っていたのが、敏江さんでした。

「シリアスな空気なんてクソくらえ。芸人が神妙な空気に負けて、どないすんねん。そんなもんに負けてるような芸人は芸人違う、鼻クソや」。そんな気概を体現するように、30分の会見中、20分にわたり鼻クソを食べてらっしゃいました。

ちなみに、残りの10分は、横に座っていたベテラン落語家さんと机の下でちょっかいを出し合って、キャッキャされていました。


芸人さんにも高い倫理観が求められる。今はそんな世の中です。

ただ、本来、芸人さんとは何をすべき存在なのか？

そんな大き過ぎるテーマをギュッと凝縮し、鼻クソ大まで圧縮する。そんな瞬間だったと感じました。

玲児が亡くなった際に呟いたひと言

敏江さんは、正司玲児《しょうじれいじ》さんとの夫婦コンビ「正司敏江・玲児」で一世を風靡《ふうび》されましたが、その後、離婚。

玲児さんは敏江さんと別れた後に再婚し、子どもも設けられましたが、離婚後も、元夫婦の男女コンビとして、敏江さんと新たな関係を築いていきます。

どつき漫才で地位を築かれたコンビで、主に、玲児さんが敏江さんをどつき回す展開でした。しかし、時折、敏江さんが飛び蹴りをかますときもあったと聞きます。

そのときのキックの打点は、周りが驚くほど高く、新日本プロレスのオカダカズチカ選手のドロップキックばりの高さだったといいます。

なぜ、オカダ選手ほどのフィジカルの強さなどあるはずもない敏江さんが、そのキックを放てたのか。

敏江さんいわく、「さんざんムチャされた怒りや」だったそうです。当然、夫婦関係を解消した敏江さんにも、複雑な思いはあったと聞きます。

しかし、玲児さんが逝去した際にはさんざん憎まれ口を並べた末に、ポツンとおっしゃったと言います。

「もう、好きになったれへんからな」

時を経て、最晩年は松竹芸能の劇場に、ピン芸人として出演されていました。

敏江さんの出番のときは、楽屋のモニターを見たら一瞬でわかったと聞きます。舞台上を映すモニターに誰も映っていなければ、敏江さんの出番ということでした。

舞台を降りて、客席を歩き回り、あらゆる客イジリやコミュニケーションを取りまくって、お客さんを最高潮にまで楽しませる。これまで生きてきた、感じてきたすべてを芸にして、お客さんを楽しませる。

リングでのファイトもさることながら、リング外で暴れ回ることによって、お客さんを熱狂させます。

「あんた、どこから来たんや？　そんな遠くから来んでもエエのに」

「あんたら夫婦か？　ブサイクなダンナ、いつ頃慣れたんや？」

どんな憎まれ口を叩いても、常に大爆笑をかっさらいます。

〝松竹芸能のタイガー・ジェット・シン〟。後輩芸人のなかで自然発生的に出てきたこの呼び名に、ありったけのリスペクトが込められていました。

芸人とは生き様である。

もう、この言葉を体現する人は出てこないと思います。そんな今の世の中に向けて、雲の上から鼻クソを飛ばしてらっしゃることと思います。

「いつも心に鼻クソを」

いつかサインに添えられる人間になろうと思う48歳。

正司敏江
1940年生まれ、香川県出身。松竹芸能所属。57年、かしまし娘の住み込み弟子となり、62年に正司芳江・利江（敏江）・春江のトリオで「ちゃっかり娘」を結成。64年、正司玲児と結婚。66年、夫婦漫才コンビ「正司敏江・玲児」を結成。頭に着けた大きなリボン姿と「どつき漫才」で人気を博し、数々の賞を受賞。76年の離婚後もコンビを継続。2010年に相方が逝去してからは、ピン芸人として天性の明るさを存分に発揮。21年9月逝去。

EPISODE 16

「嘘偽りのない大親分」

たむらけんじ

ヤンキー同士のケンカを躊躇なく仲裁

私といちばん付き合いが長い芸人さん。それがたむらけんじさんです。20年以上もお付き合いをし、今でも家族ぐるみでいろいろと接点を持たせてもらっています。ナニな話ですが、こちらが結婚する前に妻と、たむらさんも当時お付き合いをしていた女性と、そのほかにも芸人さんら数人という、入り組んだメンバーで旅行に行く。そんなことも度々ありました。

世間的には「たむけん、おもんない」「面白い焼肉屋。いや、明るい焼肉屋の大将」といった感じでイジられることの多いたむらさん。そして、毎日のようにＳＮＳで、本気のケンカを名前も明かさない一般人と展開しています。

そういったところがたむらさんのパブリックイメージなのかもしれませんが、僕の中では大親分であり、とことん正直。それが本質だと感じています。

身長１８１㎝。体重90㎏。しっかりと大きい。ただ、それ以上に言いようのない大きさを感じる……。それは、若手時代から変わらぬ印象です。

もう20年ほど前になりますが、それを表す場面に出くわしました。深夜3時頃。何軒か飲んで、大阪・ミナミの心斎橋筋《しんさいばし》商店街を一緒に歩いていたときのことです。当時の私のメモを振り返ります。

商店街から一本横に反れた小道で、いわゆるヤンキー同士が激しくケンカをしていた。小競り合いというレベルではなく、かなり派手なバトル。

ただ、商店街の通りからは離れた、小道の奥のほうでの出来事だったので、「我関せず」で横を通り過ぎるのが自然な距離感だった。が、ふと横を見ると、たむらさんがいない。わざわざ小道に入り、ズンズンとヤンキーのほうに向かっている。

そして、つかみ合い真っただ中のヤンキー二人に声をかけて、「ちょっと、ちょっと。ケンカなんてしたって、なんにもエエことないから、やめときって！」と、さも当たり前のように仲裁に入った。

当時のたむらさんは、まだメディア露出もほとんどなく、売れっ子とは言えない状況でした。今のように関西ならば誰もが知っている顔になっていたら、著名人としての馬力というか、相手にも「ま、たむらさんが言うんやったら……」という空気が生まれることがあるかもしれません。

しかし、当時の知名度からしたら、単に通りすがりのアンチャンが声をかけたに過ぎず、「なんじゃ、お前！」と、たむらさんに怒りの矛先が向きかねません。

ただ、現実は違いました。


正直、「うわ、余計なことに手を出して……」と思ったが、なんとも言えないスケール感というか、堂々とした振る舞いに、ヤンキーも言葉にできない迫力を感じたのか、ピタッとケンカをやめた。

そして、たむらさんは事もなげに商店街に戻り、次の店へと向かって行く。

こちらとしては、先ほどまでの酔いが一気に醒《さ》めるような数分間だったが、たむらさんは〝当たり前〟といった空気で歩を進めていく。こちらのドギマギはまだ収まっていないが、必死に高鳴りを抑えて後ろをついていく。


今から思うと、その後のたむらさんの姿が透けて見える体験でもありました。

頼れる親分で、とことん寂しがり屋

芸人以外のもう一つの顔として知られるのが、「炭火焼肉たむら」のオーナーとしての顔です。２００６年、当時の奥さんのお母様が経営していた店を引き継ぐ形でオープンさせました。

同期のケンドーコバヤシさんらから、「上カルビと並カルビの違いは皿の色だけ」など、愛あるイジリを連発されたことも手伝い、話題の店になっていきました。

今でも後輩芸人から、「情報番組で〝流行《はや》りのニュースイーツ〟などのＶＴＲを見ていても、たむらさんだけ店のエリアと席数から客単価を計算している。実業家のＶＴＲの見方」などとイジられていますが、焼肉の店舗や「炭火焼肉たむら」が出店しているイベント会場などに行くと、見覚えのある顔がスタッフとして働いていています。

お笑いコンビ「モストデンジャラス」として活動していたミスターＸこと矢田《やだ》周《しゅう》平《へい》さん。「グイグイ大脇《おおわき》」として活動していた大脇拓平《おおわきたくへい》さんらを、芸人引退後のセカンドキャリアとして雇用しています。

頼れる親分であり、それと同時に人と一緒でないと寂しくて仕方ない。それが僕の知るたむらさんでもあります。そのなかで可愛げも、これでもかと見てきました。

コロナ禍《か》になる前までは、毎年夏、淡路島《あわじしま》に若手芸人を数十人単位で旅行に連れて行き、僕もほぼ毎年、参加させてもらっていました。

大将としてみんなを引っ張り、夜には誰よりも酔っ払い、大広間で芸歴関係なく、真剣勝負で相撲を取る。プロレスをする。そして、完膚なきまでに若くて元気な後輩たちを打ちのめし、誰よりもフラフラになって、大広間で突っ伏すように寝る……。そんな姿も毎年見てきました。

あと、コロナ禍前は春の風物詩となっていたのが、たむらさん主催の花見でした。これも当時のメモを再掲します。


「4月2日午後7時半スタート　場所・大阪城公園　参加費はもちろんナシですが、若手芸人は素敵な笑顔だけ持ってきてください！　ま、その笑顔も途中で引きつらせたるけどな！」

3月27日午後12時26分。LINEで上記のようなお知らせが届いた。差出人はたむらさん。表題は「２０１４年　大花見大会」。

今や、関西お笑い界の春の恒例行事となっており、ここ数年は50～60人ほどが参加してきたが、多い年には約１２０人が参加している。

「来たい人がいたら、誰でも呼んであげて」というたむらさんの呼びかけの結果、９割が若手芸人、なんなら、主催者であるたむらさんすら名前を知らないメンバーも多数いたが、今や、この花見大会が若手にとっての〝裏・登竜門〟になりつつある。

なぜなら、芸人以外で参加しているのは、たむらさんが出演する関西の人気番組のディレクター、プロデューサー、親交の深い新聞記者などだからだ。

花見大会の目玉は、超若手のネタ披露大会。あくまでも、花見の場を盛り上げるのが目的だが、芸人やプロの番組制作者が集うなかで爆笑を取れば、ダイレクトに自分の存在を伝えることができる。

さらに、ネタのみならず、酒の入った状態で先輩芸人が仕掛けてくるさまざまなフリに対して、どんな返しができるのか。その瞬発力やポテンシャルを見せる場でもあり、実は、ブレークへの最短コースともなっている。

この日のネタ大会の司会は、男女漫才コンビ「女と男」の市川義一《いちかわよしかず》さん（292ページ参照）が担当し、たむらさんは審査員兼ツッコミといったポジション。

数十組が次々とネタを披露していくなか、面白ければ番組スタッフに直接売り込む一方、面白くなければ、冒頭のお知らせにあったように、たむらさんが容赦ないツッコミを炸裂《さくれつ》させる。

ちなみに、ピン芸人日本一決定戦「R-1ぐらんぷり（現在はグランプリ）」2013年王者・三浦《みうら》マイルドさんは、過去の花見で酩酊《めいてい》したうえにスベりまくり、結果、たむらさんに思いつく限りのプロレス技をかけられながら、頭髪をむしり取られていた。

花見はだいたい夕方からスタートし、お開きになるのは深夜。

さらに酒が進むと、たむらさんが賞金を出し、足の速い芸人さんを鬼にして、若手を花見会場の大阪城公園を逃げ回らせ、時間内に逃げ切れたら1万円を渡すという、『北斗《ほくと》の拳《けん》』の支配者のようなゲームも行われた。

花見の参加費は無料。飲み物、食べ物とも、すべてたむらさんが自腹で用立てるが、缶ビールだけで500本。そのほか、チューハイや焼酎、ワイン、日本酒なども用意され、すし桶や惣菜などもてんこ盛り。

花見を終えたたむらさんは「また、来年のために稼がなアカンわ」とポツリ。

この場が新たなスターを生む土壌になっていることは間違いない。また来年も桜の時期に合わせて、とっておきのネタを作る若手の姿がたくさん見られそうだ。

芸能界引退について真正面から訊ねると……

さらに、深酒つながりで綴ると、酔って深夜、否、朝方になると必ず繰り返されるやり取りがありました。

ごくごく限られた身内だけの宴席、酔いがピークに達したとき、鈴木紗理奈《すずきさりな》さんとの〝過去〟を、自らおっしゃるのです。

僕も、少なくとも数回は、たむらさんからこのお話をうかがいましたが、いつもおっしゃる内容は判で押したように同じ。いかに、紗理奈さんが素敵な女性だったかということでした。

「とにかく、とにかく、革命的に可愛かった。性格もよくて、心から自慢のカノジョだった」

いかに紗理奈さんが素晴らしい女性だったか。それはルックス、内面、彼氏しかわからない秘めごと。

多方面にわたり、酒の肴《さかな》にするにしても持て余すくらいのリアルな話も聞きましたが、それを話すときに、毎回うれしそうに話す姿に可愛げがありました。

ただ、そこから自分のなかでテンションが上がるのか、話が派生して「今年の収入ナンボやったか言うわ」と、年収を耳打ちされたことも何回かありました。それまでの甘酸っぱいトーンが一気に消え失せ、酒も一気に醒め〝ちゃ～〟うのでした。

そんなたむらさんは、50歳となる2023年5月をもって、芸能界からの引退を表明しています。あまり真面目な話はしたことがありませんでしたが、取材にかこつけて正面から訊《たず》ねたことがありました。

50歳での引退は、コロナ禍になる少し前くらいから、ごく近い人には話してたんよ。

ずっと芸人の仕事がすごく楽しかったし、仕事が大好きで、この世界が大好きでやってきた人間なんやけど、簡単に言うとそれが楽しくなくなった。惰性でやっている。そう思うようになったのがコロナ禍前やったかな。

芸人として自分の持っている力のなかでは、MAXの仕事をさせてもらってきた。心底、そう思ってる。「幸せやな」と。もうこれ以上は自分の力では無理やし、簡単に言うと〝燃え尽き症候群〟なんかもしれん。

「楽しんでない奴がこの仕事をやってたらアカン」。その思いが今回の流れのタネみたいな部分。

基本的には2023年の5月以降はテレビにも出ないし、芸人としてのお仕事はもうしない。そうなってるはず。

それ以降はアメリカに行く予定やけど、30年ほど芸人をやってきたから、そら、芸人の世界を出る寂しさはある。

でもね、寂しさがあるからといって、そのままやったらそのまま。今の状況のまま新しいことも欲しがるのは虫がよ過ぎる。仲間と離れたり、収入を失ったりするリスクを背負わないと、次のものは得られないと思うねん。

芸人を目指したときは、ワクワクだけで飛び込んだ。今、考えたら「よくワクワクだけで飛び込んだな……」とも思うけど(笑)、ただただ、芸人の仕事がカッコいいと思ったから飛び込んだ。

それと同じくらい、今はワクワクしてる。それと同時に、ドキドキもすごい。守るべきものがあるがゆえに。また50からそれを楽しもうと思ってんねん。

20年前、たむらさんと出会った頃の僕は、20年後にこんな話を聞くとは夢にも思いませんでした。それがこの世界の面白いところでもあるし、またさらに20年後に何があるのか。そこにも思いを馳《は》せます。

なんとか自分もワクワクしていたいと思う48歳。

たむらけんじ

1973年生まれ、大阪府出身。92年にお笑いコンビ「LaLaLa」でデビュー。99年にコンビを解散し、ピン芸人としての活動を開始。獅子舞を使ったネタで全国的な知名度を得る。2006年には自身がプロデュースする焼肉店「炭火焼肉たむら」1号店をオープンし、話題を集めた。12年10月、芸歴20周年ライブ「TKF大祭り」を兵庫県淡路島国営明石海峡公園で開催。関西のテレビ番組を中心に出演しているが、50歳の誕生日を迎える23年5月4日に芸能界を引退し、アメリカでビジネスに取り組むことを明らかにしている。

EPISODE 17

小籔千豊「共鳴する最適解」

何を聞いても、強い〝原稿映え〟する言葉で返す

人に取材をして原稿を書く。これが僕の仕事です。

また、出演者としてあらゆる番組に出してもらう。これも生活の軸になっていることは間違いありません。そのとき、共演となるとテンションがワンランク上がる人がいます。

それが、小籔千豊《こやぶかずとよ》さんです。

世間の小籔さんの印象は〝毒舌〟や〝怖い〟というイメージがありますが、僕のなかでは〝共鳴〟です。取材の度に、いつも心が震えっぱなしになります。

小籔さんは、2022年8月22日の公演をもって、吉本新喜劇の座長を勇退されました。

僕は、2006年の座長就任時から幾度となく取材をしてきましたが、小籔さんのすごさは〝言葉の力〟に尽きると感じています。

15年にインタビューをしたときには、〝座長の引き際〟について語られていました。

改めて取材メモを振り返っても、そぎ落とすところのない力強い言葉の羅列に唸《うな》ります。

座長という身の丈を超えた仕事をさせてもらうようになり、10年ほど経《た》ちました。これはいかなる組織でもそうですけど、ずっと権力が同じところにあると腐敗の構図が生まれてきますし、ヌルくなってくるんです。

だから、新喜劇のためにも、さらには、僕が長く新喜劇で飯を食うためにも、僕が長く座長をやらんほうが組織としてはいい。

野球でも、強いチームに対して解説者のかたが言うことは、いつも一緒なんです。「いい若手が出てきて、ベテランを刺激してますよね」と。

僕がいつまでも4番やなくて、5番、6番を打つようになっていって、7番とか2番を、さらにベテランのかたに担ってもらって引き締めていただく。そんなチームは強いんです。

だから、あと二人くらい、すっちーみたいな奴が出てきてくれたら、クリーンナップを任せて、僕は一歩引く。そのほうが新喜劇は盛り上がっていくはずなんです。

実際、ずっと僕が考えてきたプランやったら、あと1~2年くらいで僕は座長を辞めてるはずやったんです。
ただ、不測の事態が起こるのが現実なので、もう少し時間はかかるかもしれませんけど、少なくとも、あと5年で僕は座長から降りていたいなと。自ら降りるというよりも、押し出されたという形で。

自分が65歳になったときに、「こやジイ」として、後輩たちが盛り上げている新喜劇にちょこっと出て、夕方6時になったら家に帰って、家族と飯を食う。それをゴールとしているので、それまでに新喜劇という船がひっくり返ってもらったら困るんです。
そのために、今までいろいろな我慢をし、理不尽も飲み込んできましたから(笑)。もし、来年新喜劇がつぶれるんやったら、すぐにでも〝お礼参り〟に行かなアカン人が何人もいてます(笑)。

すべては、新喜劇で65歳まで飯を食うため。それが、ひいては座員のため、なんばグランド花月《かげつ》(NGK)のため、吉本興業のため、新喜劇を楽しみにしてくれているちびっ子のためにもなる。

だから、船は大きく強くしておかないといけないんです。

もし、魔法のランプがあって、「お前は何が欲しいんだ？」と訊ねられたら、答えは決まっています。すぐさま「フジテレビ『クイズ！　ヘキサゴン＝』（フジテレビ系。現在は放送終了）みたいな番組のMCをさせてください！」と言います。

お笑いタレント、グラビアアイドル、元プロ野球選手、おバカタレント、そして、新喜劇メンバー。

それをごちゃまぜにして3列に並ばせてクイズに答えさせたり、みんなで大縄跳びしたり。そんななかから、新喜劇の若い子とメジャーリーガーが結婚したり、ベテランの島田一《しまだいち》の介《すけ》兄さん、Mr.オクレさん、池乃《いけの》めだかさんで「羞恥心《しゅうちしん》」を組ませたり。

そんなんができたら理想的ですね（笑）。

座長をやらせてもらってる限りは、こういう〝成長戦略〟も考えないといけませんから。ま、僕がオーナーじゃないのでなかなか思うに任せない部分もありますけど、選手会長をやらせてもらってるうちは、せめていろいろ手を打たないといけない。

逆に言うと、座長じゃなくなった瞬間、これでもかと私利私欲に走りたいと思いま

――す（笑）。

毎回取材の度に思うのは、小籔さんのインタビューは極めて簡単で、極めて難しい、ということ。

何を聞いても、明確でいて強い〝原稿映え〟する言葉で返してくれます。

ただ、どれも強い言葉ゆえに、それをいかにうまく盛りつけるか。それぞれの味がにごらないよう、料理人としての腕が問われます。

不退転の決意で言い続けた「アイアム座長」

そして小籔さんは、その言葉の力でタレントとして活躍し、全国的な知名度を得ていきました。座長就任当初から使っていたフレーズが、「アイアム座長」です。

常にどこにいても自分は吉本新喜劇の座長であり、自分が世に出るということは、新喜劇が出るということ。

自分の知名度＝新喜劇の知名度。小籔さんは、これを常に頭に入れていました。

再び、過去のインタビュー記事を紹介します。

僕が新喜劇に入りたての頃、営業で横浜に行ったんです。

そのとき、吉本興業の社員さんから言われたのが、「名古屋から東では、まだ新喜劇が知られていない。パッとわかってもらえるのは、池乃めだかさん、チャーリー浜《はま》さん、島木譲二《しまぎじょうじ》さん、Mr.オクレさんくらい」ということでした。

〝長所を伸ばして、短所をなくす〟というのが組織のリーダーやとしたら、じゃあ、新喜劇の短所ってなんやねんと。ま、そら、挙げていったら山ほどあるんですけど（笑）。

明らかな短所の一つが、やっぱり〝名古屋より東に名がとどろいていない〟ということなんです。

言うたら、日本の半分しか市場がない。将棋で言うたら、将棋盤の右半分はさされへんみたいな駒ではよくないと。


右半分を開拓するという意味も込めて、数年前から東京吉本の所属になったんですけど、そのときの目標の一つとして掲げたのが、「普段、本格的なお芝居をやっているような格式高い東京の劇場で、新喜劇を上演する」ということでした。

吉本を見る習慣のないかたがたに見てもらって新規開拓し、市場を広げる。これは新喜劇にかかわる誰にとっても、マイナスではないですから。

僕が「新喜劇のために!!」と言ったところで、それは必ずしも、みんなの思いではない。僕が思う「新喜劇がこうなってほしい」領域があるとしたら、吉本興業にも「新喜劇をこうしていきたい」という領域がある。

でも、この二つの円は、半分くらいしか重なってないと思います。

そして、新喜劇の若手にも、ベテランにも、なんばグランド花月のスタッフにも、もう亡くなった先輩がたにも、それぞれ、思っている円があるんです。

それぞれ微妙にズレながらも、中心で一カ所だけ円が重なっている部分がある。それが〝新喜劇が盛り上がる〟ということなんです。

これは、誰も嫌がらない。そのために知名度を上げる。そこをやって嫌がる人はいないので、そこをやればなと思っているんです。

その思いで走り続け、今、一つの節目を迎えることになりました。吉本新喜劇は109人の大所帯となり、現在、間寛平《はざまかんぺい》さん（128ページ参照）がGMとなり、頭を悩ませながらさまざまな改革を進めています。

ベタ。変わらぬ大阪の文化。

そんな言葉で語られることが多い新喜劇ですが、葛藤と変化、革新を繰り返して、今も存在しています。これは、間近で取材をしてきた者として断言できます。

そして、その一ページを強く、濃く、小籔さんが描いたこともまた、間違いのない事実なのです。

僕の過激発言に対して放った最適解

ただ、ここまで綴ったことにウソはないのですが、あくまでも表向きなエピソードです。

なかなかアチコチで言いづらいものだったので、僕が小籔さんの本質を強く感じたエピソードは、こちらで綴らせてもらいます。

賢い。そして、冷静。

目がいい。なんでも見えている。

清々《すがすが》しいほど正確。

それを痛感したのが、今から15年ほど前、大阪・ミナミの居酒屋さんで飲んでいたときでした。

時間は深夜2~3時あたり。僕は何軒か飲み歩いた末に、その行きつけの居酒屋さんに、一人でふらりと訪れていました。

そこに、小籔さんもふらっと入ってこられたのです。

マスターの計らいもあり、そこからいろいろ話しながら、小籔さんと飲むことになりました。道頓堀《どうとんぼり》近くのお店だったこともあり、話題は2002年のサッカーワールドカップ日韓共催時に、道頓堀界隈で朝まで盛り上がっていたサッカーファンに及びました。

僕は、ラジオなどでも頻繁に話していますが、みんなでワーッと盛り上がるのがあまり好きではありません。もっと言うと、周りが盛り上がっているからといって、そこに乗じて身の丈以上の盛り上がりに身を任せる……。そんな構図に対して、著しく嫌悪感を抱く。そんな人間であります。

そんなことを、日本酒にライムシロップを入れて飲みやすくした恐ろしい飲み物をあおりながら、まくしたてていました。

真夜中、そしてお酒の勢いも手伝い、僕が「あんなふうに浮かれた人たちにはお仕置きをしないといけない。それが世のため」といった内容のことを言いました。あまりにも過激な内容のため、ここですら自粛をします。

さすがに酒の席とはいえ、過激なことを言い過ぎたか……。そう思って、スッと酔いが醒《さ》めかけたところに、小籔さんが極めて冷静な表情で口を開きました。

「いや、○○ではなく、□□のお仕置きのほうが効率いい」

お仕置きを否定するわけではなく、さらに辛辣《しんらつ》な言葉を被せる。それがまた、正確の極み。マスターをはじめ、居合わせたお客さんも笑い転げながら感心していました。

常に冷静に最適解を模索する。

小籔さんが座長になった16年間は、その能力を駆使した年月であったとも思います。

「私利私欲に走るのは座長じゃなくなってから」

インタビューでそうおっしゃっていた小籔さんが、新章をどう生きられるのか。また件《くだん》の居酒屋さんでじっくり聞いてみたいものです。

いつか□□を実行したい48歳。

小籔千豊

1973年生まれ、大阪府出身。吉本興業所属。2001年にお笑いコンビ「ビリジアン」解散後、吉本新喜劇に入団。05年、史上最年少で座長の座に就く。その後、「人志松本のすべらない話」（フジテレビ系）などで毒舌を交えた卓越した話術を展開し、人気を集める。自らを広報担当と名乗り、東日本に新喜劇を広めようと尽力。22年8月、長らく務めていた吉本新喜劇座長を勇退した。また、08年より、お笑いと音楽を融合させた野外イベント「コヤブソニック」を不定期開催している。

EPISODE 18

藤井隆「奥行きある気遣い」

「新婚さんいらっしゃい！」司会就任の取材を断っていた理由

記者は、人と会う仕事です。そして、そこから人間関係を作っていく仕事でもあります。

こんな本を書かせてもらうとなれば、当然、関係性の深い芸人さんを選んで書くというのが自然な流れだと思います。

ただ、藤《ふじ》井《い》隆《たかし》さんに関しては、頻繁に飲みに行くとか、共通の仲良しの芸人さん経由でいろいろなお話を聞くとか、そんなことは特段ありません。

では、なぜピックアップしたのか？

感覚的なことで言語化が難しい領域でもありますが、節目節目で強烈に藤井さんの言葉から示唆を享受する。その強さがすさまじいので、お名前を挙げさせてもらいました。

過去にヤフーの拙連載で数回、藤井さんにインタビューした記事は軒並み、ヤフーニュースのトップに掲出されました。打率10割。こんなケースは滅多にありません。

たくさんの人に読まれることだけが正解とは言いません。ただ、それだけの打率で目立つスペースに出るということは「求められている」ということ。

僕の心に深く刺さるだけではなく、藤井さんの言葉は多くの人に刺さる。それを具現化しているといえます。

では、一体、何が刺さるのか。

言葉の奥行き。

ここに尽きると思います。

Aの話をしているからといって、Aだけを言いたいのではない。その先に奥行きがある。そして、奥に続く壁を漆喰《しっくい》のように固めているのが〝気遣い〟だと僕は思います。

藤井さんは2022年春から、朝日放送テレビ・テレビ朝日系の「新婚さんいらっしゃい！」の司会をされています。

桂《かつら》文枝《ぶんし》さんが50年以上にわたって看板を大きくしてきた、誰もが知っている日本屈指の長寿番組の2代目を務める。そら、もう、この重圧はとんでもありません。重圧という言葉が、「この用法は荷が重いわ！」と裸足《はだし》で逃げ出すほどのプレッシャーです。

僕がインタビューをしたのは２０２２年5月30日。ただ、文枝さんの後任として藤井さんの名前が挙がった2月頃から、インタビューの打診はしていました。

しかし、なかなか話がまとまりません。普段からあらゆる芸人さんを取材している吉本興業の担当者さんに話を通し、昔から付き合いのある朝日放送の社員さんに意図を伝える。知らない仲ではない人たちへの打診。

それなのに、話がまとまらない。珍しいケースです。

5月に入り、ようやく取材ＯＫの連絡をいただいたあとから、いろいろな流れが見えてきました。

当然、新たに大役を務めることになった藤井さんには、多くの取材オファーがあったようです。ただ、それは藤井さんの意志で断られたそうです。

その理由は番組、そして文枝さんへの配慮から、と知りました。

歴史ある番組にいきなり来た人間が、「この番組はね～」なんて話をするのはおこがまし過ぎる。そんなこと、とてもじゃないができない。

実際に収録をして、皆様にある程度認識していただき、少しは〝安定飛行〟に入ったくらいでないと、意気込みすら発するのは気持ち悪い……。そんな思いがあったと聞きます。

本来、司会交替のタイミングでインタビューを出すのが〝キレイ〟なパターンですし、そうしたほうが訴求力も高まる。そんなことは藤井さんも百も承知でしょう。でも、それ以上に自分が是とする筋を通す。それが藤井さんのスタンスなのです。

気遣いの人がさり気なく語った大ニュース

ただ、取材を受ける以上は、番組の宣伝にならないと意味がない。それと同時に、宣伝ありきの美辞麗句《びじれいく》を並べたところで話の馬力はない。それも真理です。

そんなこんなで取材当日。取材のプロを自認はしていますが、自分でも一瞬、脳が停止したのがわかるくらい驚いた、藤井さんのひと言がありました。

「実はね、先日、父が死んだんです」

それまで一切出ていなかったお父さんが亡くなっていたという事実を、インタビュー中に告白されたのです。

有名人の家族の逝去。これは大きなニュースです。

番組PRの話が埋もれてしまいかねない。その色は、気遣いの人である藤井さんが本来嫌うであろう流れです。それなのに、誰に促されたわけでもなく、サラッとおっしゃいました。

そう想像しつつも、お話をうかがっていると、最終的にはこちらの想像をヒョイと超えるような、素晴らしい奥行きを見せてくださいました。

以下、そのときのインタビューです。

ここ1年ほどは入退院を繰り返す状態だったんですけどね。もともと、父は僕の仕事にそんなに興味はなくて、「見たよ」とも言わない人だったんです。

その父が手術も重なって大変だった時期に、「隆は『新婚さん―』の司会をするのか?」と聞いてきました。「ありがたいことに、そうやねん」と答えると、「すごいことをするんやな」と言ってくれたんです。

体力的にはかなり落ちてたんですけど、それはうれしそうに「放送を楽しみにしてるわ」と。あんな言葉を聞いたのは初めてでしたし、実際に第1回は見てくれたみたいで。

そこで命は尽きてしまったんですけど、最後に安心させられた。そこは息子として、ただただ番組に感謝していますし、母も本当に喜んでました。

自分の家族のことなんで、周りの人からしたら「知らんがな!」という領域のことなんですけど、その安心のさせ方は「新婚さん――」以外はないと思うので、ただただ感謝するしかありません。

自分を貫きつつ、どこにもウソをつかず、それでいて、みんながハッピーになる本懐を遂げる。我も愛も貫く奇跡的配合。それが人を引き付けるのだと思いますし、僕は言葉と向き合う取材者として、毎回、そこに引力を感じているのだと思います。

好きな人のためなら頑張れる

今回、過去の取材を振り返ってみて、「ここに藤井隆という人の思考の本質が内包されている」と痛感する話を見つけました。

2019年9月、藤井さんが、親交の深いお笑いコンビ「ボルサリーノ」関好江《せきよしえ》さんのディナーショーをプロデュースするという話題をきっかけに、藤井さんにインタビューをしたときの言葉です。

当たり前のことでもあるんですけど、昔はまず、自分のことを考えていました。でも、それがいつからか、人のことを考えるようになったというか。

そう言うと、「人のために動いてるいい人!」みたいになりますけど、別にそういうことではないんですよ。

僕はすごく好き嫌いがハッキリしている(笑)。ま、そこがダメなことでもあるんですけど、好きな人のためなら頑張れる。なんなら、自分のことよりも頑張れる。そこに気づいたんです。

若い頃から、作家さんとかディレクターさんらと話して、何かを作っていくという流れは大好きでした。得意ではないけど、そういう過程が好き。だから、それを自分ではなく、自分が好きな人のために行う。それがプロデュースということなんだろうなと。

ただ、人のためにやる以上、そういう過程が好きというだけではダメですからね。しっかりと結果を出して、単なる好きではなく、得意にしなければならない。じゃないと、誰も頼んできてくれませんし、何より、こちらが好きな人に逆に迷惑をかけてしまう。恥もかかせてしまう。自分が動いたばかりに。

もしそうなったら、自分のこと以上につらいですもんね。好きな人ゆえに。

今、読み返すと、深い言葉が並んでいます。この言葉の深さに、やはり僕は言いようのない引力を感じます。

先述したように、藤井さんとは、ことあるごとに飲みに行ったり、それぞれの結婚のときにもプレゼントを贈り合ったりするような仲ではありません。なので、プライベートでの思い出話は、清々《すがすが》しいぐらいにありません。

ただ、取材者として言葉の奥行きに心が震えて、藤井さんのことを今回の本に綴らせてもらった。これは完全なる真実です。
見よう見まねでプロの矜持《きょうじ》という漆喰で固めながら文字を綴った48歳。

藤井隆
1972年生まれ、大阪府出身。吉本興業所属。92年5月、吉本新喜劇に入団。強烈なキャラクターや「ホット！　ホット！」などのギャグで人気者となり、以降は芸人のみならず、歌手や俳優としてもマルチな才能を発揮する。2000年リリースの歌手デビュー曲「ナンダカンダ」で、同年の「NHK紅白歌合戦」（NHK）に初出場した。05年、タレントの乙葉と結婚。22年4月より、桂文枝の後任として「新婚さんいらっしゃい！」（朝日放送テレビ・テレビ朝日系）の2代目司会者に就任した。

EPISODE 19

吉田敬（ブラックマヨネーズ）
「『M-1』をしがむ」

センスと共存する〝人間臭さ〟

道場でのケンカの強さはピカイチ。ただ、リング上でチャンピオンにはなれない。昭和のプロレスラーでたとえるならば、藤原喜明《ふじわらよしあき》でしょうか。そんな不遇なプロレスラーのような苦悩を背負っていたのが、若手の頃の「ブラックマヨネーズ」でした。

漫才の面白さはピカイチ。それは芸人仲間も認めるところです。

ただ、武骨な二人がゆえに、華がない。テレビ映えや女性ファンからの歓声という意味で、難がある。今から20年ほど前、それこそ華やかな若手芸人が群雄割拠《ぐんゆうかっきょ》するなかで遅れを取っている……。それが当時の課題でもありました。

当時、僕が担当していたデイリースポーツの連載インタビューで、ブラックマヨネーズにお話をうかがったとき、絞り出すような声で、「何が足りひんのですかね？」と二人から訊ねられたときの空気を、今でも鮮明に覚えています。

悩んだ挙句、吉田敬《よしだたかし》さんが浮世離れしたゴージャスな毛皮を着て舞台に立つなど、

なんとかして〝色〟を出そうと試行錯誤をされていました。

そんななか、「M-1グランプリ」という大会が生まれました。いわば、プロレスとは一線を画する総合格闘技。強ければ四の五の言わず、一夜にしてスターになれる。このシステムを最も有効活用したのが、ブラックマヨネーズだと思います。

プチ余談ながら、当時、僕はデイリースポーツの演芸担当記者として「M-1」初年度から優勝予想を紙面で展開していました。自慢ではありませんが、毎年、ほぼ的中させていました。

しかし、いちばん予想が簡単だったのが2005年。ブラックマヨネーズが優勝した年です。

アタマ4つほど抜きんでている実力。落馬や失格など、よほどのトラブルがない限りは二人が勝つ。それが僕の見立てであり、実際その通りになりました。

いったん光が当たれば、自ずとスター性も出てきます。そして、世に出る前と世に出てから、特に吉田さんは何が変わったわけでもないのですが、あらゆるところで「天才」という言葉を向けられることになっていきます。

言葉選び。度胸。生き様。

売れる前は目を向けられなかったか、向けられたとしても単に「変わり者」で処理されていたこれらの部分が、「さすが」に置き換わる。その様もつぶさに見てきました。

吉田さんとしては、心境をそのまま言葉にしただけなのでしょうが、その才覚が凝縮された言葉が、「『M-1』をしがむ（関西弁で「噛《か》み締める」の意）」という表現だと思います。

「M-1」戴冠後、たびたび吉田さんが放っていた言葉ですが、これは僕のみならず、周りの多くの芸人さんが「さすがの表現や」と唸《うな》っていました。プロが驚くワードセンス。プロがため息を漏らす大谷翔平《おおたにしょうへい》のホームラン競争の打球。それに近いものだと思います。

センスとともにそこにあるのは、このうえない〝人間臭さ〟です。偉業とも思わずにサラッとやり過ごすというオシャレなカッコよさではなく、M-1優勝という偉業をとことん見せびらかす。それを、浅ましさを生まずに笑いに昇華する。

これは、実力に裏打ちされた選手にしかできないムーブだと強く感じます。

ノンスタ石田を覚醒させた吉田のひと言

「天才とナントカは紙一重」

そんな言葉はよく言われますが、吉田さんは間違いなく天才であると同時に、この言葉を体現する人でもあります。僕が周りから聞くだけでもそれこそ、いくらしがんでも味がなくならない逸話があります。

「NON STYLE」の石田明《いしだあきら》さんにお話をうかがったときには、人生の恩人に吉田さんの名前を挙げられていました。ひと筋縄ではいかない人間性。その向こうの味わいを語ってらっしゃいました。

吉田さんとのご縁をいただいたのは2006年でした。前年にブラックマヨネーズさんが「M-1グランプリ」で優勝されて、今まで出ることがなかった番組に出てすごい人たちを相手に戦わないといけない……。それで、吉田さんもしんどくなってた時期やったんです。

どうやら、「自分より精神的に参っている奴は誰か」というリサーチの結果、僕にご指名が来たみたいで（笑）。「自分よりしんどい奴もおるんや。だから、自分はマシや」。この精神状態が欲しかったようです。

実際、当時の僕は病んでいました。賞レースでも結果が出ない。コンビ仲もギクシャクして漫才もウケなくて、またギクシャクする。心療内科にも通ってボロボロの時期でした。

そんな状態で吉田さんと飲みに行くんですけど、吉田さんから「番組中もストレスで手がしびれてくるんや」と話があると、僕が「それは気づいていないうちの過呼吸です」と即答する。

「夜寝てると、呼吸の仕方がわからなくなるんやけど」と言われると、僕は「自分の呼吸リズムをメトロノームに登録して、それを聞きながら呼吸してます」と答える。

で、「石田に聞いたら、なんでもわかるなぁ」と変なところで感心していただいて、以降、頻繁に連れて行ってもらうようになったんです。

そもそもは吉田さんが楽になることありきで始まった場でした。でも、ご一緒させてもらううちに、僕のほうこそ、急速に気持ちと体が楽になっていったんです。

僕は先輩付き合いが得意ではなかったし、あまり先輩がたとの付き合いはなかったんですけど、吉田さんって、やっぱり、ホンマに面白いんですよね……。

そこで、ふと思ったんです。「これだけ面白い吉田さんでも悩むんや」と。そして、こんなにガサツっぽい人でも（笑）しんどくなるんやと。それやったら、うだつの上がらん自分がしんどくなるなんて、当たり前のことやないかと。


仕事の面でも、ガラッと変わりました。吉田さんの話は面白い。でも、僕が何か話すと「へー……」で終わるんです。

ある日、そこで吉田さんが言ってくれたんです。「お前、それ、オモロイ話のつもりなん？」と。「石田は、ホンマはもっとオモロイねん。お前は今、笑いを取ろうとしてんねん。

俺は自分がオモロイと思うことだけを、ただただ言うてる。まずは『自分はオモロイ』ということに気づかなアカン」と言われました。

その言葉を後押しにシフトチェンジをしていったその年から、関西の賞レースを総ナメにしていけたんです。

ただね、吉田さんのお金に対してのシビアさにはビックリします（笑）。

毎回飲みに行くのは同じ店。頼むメニューも同じで、毎回同じお会計。最初はビールを一杯は飲ませてもらえるんですけど、あとはボトルキープしてる焼酎だけ。女の子が同席してても、カクテルなんて頼ませません。有無を言わさずボトルの焼酎です（笑）。

あと、僕が関西で賞を獲ったときに、二人ですき焼きを食べに行ってお祝いをしてくれたんです。いいお店で、二人でお会計が１８０００円くらいでした。

会計後、吉田さんがレシートを見せながら、「これだけの額で、俺がほかに何ができたのか。それを１００個考えて来い」と言われました（笑）。これが吉田さんなんですよね。

奇人が奇人で終わらない。これを天才という。

そんな真理が見えてくるのが、吉田さんという存在なのだと思います。

天才ならではの技を見せつけるすごみと狂気

２０１９年に著書『黒いマヨネーズ』（幻冬舎）を上梓《じょうし》された際に行った、吉田さんご本人へのインタビュー。そのときの話も焼き付いています。

大変な作業やったんですけど、書き始めてから改めてわかったことがありまして。ま、これは仕方のないことなんですけど、テレビは自分が話したことも編集でカットされたりするじゃないですか。

「オレ、本当はもっと面白かったのに……」とか、人の手が入るぶん、テレビにはどこか言い訳したくなるところがあったりもする。

でも、原稿は全部自分ですから。もし原稿が面白くなかったら、それは１００％、自分が面白くないということですからね。

そういう意味では、「ものすごく大事な場やな」と、途中から思うようになったんです。これがおもんなかったら、もう終わりやと。そういう場として、それをモチベー

ションにして書くようになりました。

ただの原稿用紙が命を帯びるというか、白紙から始まってこんなに充実した原稿になるのかと。「俺、すごいな……」という充実感も毎回感じていました（笑）。

あと、メリットというか、これは悪くないなと思ったのは〝メモを見せる〟ですかね。何かしら原稿のきっかけになりそうなことを思いついたら、すぐに紙に書き留めてメモを取る習慣をつけてたんです。そうやって書いたメモが、引き出しの中に山ほどたまりました。

そのメモを取っておいて、後輩が家に来たときに、「俺は日頃からこれだけ準備して原稿を書いてるんや」と見せつけるというね。それは思わぬ副産物でした。


天才ならではの技を見せ、驚いている相手に「もう一回見て」とスマートフォンの電源が切れるまでその技の動画を見せつける。そんなすごみと狂気。

これは吉田さんが50代、60代になっていくにつれて味がさらに増す〝超発展的鮒寿《ふなず》司《し》〟。僕にはそう思えてなりません。

また、別の取材では人生設計についても話されていました。

田舎暮らしはしたいと思ってますね。なので「ポツンと一軒家」（朝日放送テレビ・テレビ朝日系）とか、そういう番組はメッチャ見てます。

たとえば、1億円でも、東京ではそんなに大きな家は買えない。それだったら、田舎で3000万円くらいで豪邸を買って、残りの7000万円で遊ぶ。そんな生活をしたいと嫁には伝えてます。

タイミングですか？　今すぐというのはないですけどね。昔からお世話になってきたお仕事を今もさせてもらっているのが多いので、それを辞めてまで、というのは申し訳ないですしね。

だから、ま、僕か小杉《こすぎ》（竜一《りゅういち》）か、どちらかが事件を起こしたらでしょうね（笑）。ま、事件起こすとしたら、小杉ですよね。あいつの淫行からの田舎暮らし。タイミングとしたら、そのあたりかなと思っています（笑）。

天才の醸成を見届けるために、できるだけ長生きしようと思う48歳。

吉田敬

1973年生まれ、京都府出身。98年、小杉竜一とお笑いコンビ「ブラックマヨネーズ」を結成。2002年、「NHK新人演芸大賞」演芸部門・大賞、同年「ABCお笑い新人グランプリ」優秀新人賞など、しゃべくり漫才で数々の賞を受賞。05年、「M-1グランプリ」で優勝を果たし、一躍全国に名をとどろかせる。特徴的な風貌と、言葉巧みに見る者を引き込むセンスは、幅広い層から支持を集めている。「ホンマでっか!? TV」(フジテレビ系)、「ニンゲン観察バラエティ モニタリング」(TBS系)など、レギュラー番組多数。

EPISODE 20

プラス・マイナス「ドラクエの商人と踊り子」

すべてをハッピーにさせる岩橋のクセ

ほんまもん。

あらゆる才能が渦巻くお笑いの世界において、他を圧倒する要素の一つがこれです。

……と、笑福亭鶴瓶《しょうふくていつるべ》さん（174ページ参照）でもこの入りから書きましたが、もう一人、ほんまもんがいらっしゃいます。

果てしない天然。根っからのひねくれ。規格外のアホ。どれも、〝可愛げ〟というパートナーさえ伴っていれば、すべてが強力な武器になります。

僕がこれまで見てきた芸人さんのなかで、この「ほんまもん」という言葉が最も当てはまると思うのが、「プラス・マイナス」の岩橋良昌《いわはしよしまさ》さんです。

プロレス界で狂人を演じるタイガー・ジェット・シンのようではなく、内面からにじみ出る狂気。「やってはいけないことをやってしまうノリ」ではなく、「本当にやってはいけないことをやってしまう」。それが岩橋さんです。

そして、その狂気にはフェロモンのような人を引きつける要素があり、奇跡の配合がなされている。それを痛感します。

2012年に東京を拠点にするまで、僕は岩橋さんとよく飲みに行きました。ほんまもんと飲みに行く＝何かが起こる。ワクワクドキドキが常にMAXの宴でした。そして、実際にいろいろなことがありました。今に比べれば大らかな時代です。

ある日、とある先輩既婚芸人さんと、その芸人さんが当時仲良くしていた女性、岩橋さん、そして僕というメンバーで飲みに行きました。

行きつけのお店でしこたま美味しい物を食べ、お酒もいい具合にあおりました。

そして、二軒目にカラオケに行きました。その場も実にいい空気で、みんな上機嫌。カラオケの部屋に入った時点で、すでにもう、20曲くらい歌ったかのように盛り上がりの空気が出来上がっています。

歌がうまいことでも知られる岩橋さんだけに、先輩芸人さんも「岩橋、何か盛り上がるような曲を頼むわ」とマイクを渡します。

どの曲を選んだとしても、みんな拳を振り上げる準備はできていました。ただ、画面に映ったタイトルを見て、空気がジャマイカからツンドラ気候に一変しました。

「愛人」テレサテン

何を歌ってもいい。ただ、唯一、その場にはそぐわない歌をチョイスする。先輩も女性も苦笑いです。女性がおあいそでロボットのように手を叩いていますが、リズムとまるで合っていません。

無論、インターホンがあるのですが、僕はもう耐えられなくなって、カウンターまで口頭でドリンクを注文しに行きました。

また、別の機会には岩橋さんと、岩橋さんと僕の共通の友人、そして僕の三人で飲みに行きました。気の合うメンバーなので酒もグイグイ進み、三軒目として行きつけの韓国料理屋さんに行きつきました。

バーのように少し落ち着いた照明のお店なので、これまでの勢いたっぷりの飲み方から打って変わり、少し真面目な話になりました。

今後の「プラス・マイナス」の方向性。岩橋さんの芸人としての立ち位置。当時はまだデイリースポーツの記者だった僕なりに、思うことを話させてもらいました。

「『プラス・マイナス』の強みは、なんと言っても〝漫才〟。テレビで売れるだけが正解ではない。劇場を守る芸人になるのも立派な姿。二人にはそこになれるだけのポテンシャルがあると思う」

お酒の力もあって、普段しないような真面目な話をさせてもらいました。

僕は、芸人さんでもなんでもない立場の者が出過ぎたマネをすることが、大嫌いです。なので、この日の話はかなり自分のなかではオーバーランしている話だとも思ったのですが、それでも言っておきたかったので、馬力を込めて言葉を紡いでみました。

岩橋さんは口を挟むわけでもなく、ジッと黙ってこちらの顔を真剣に見つめています。薄暗い店内の照明がそう映しているのかもしれませんが、目が多少キラキラと潤んでいるようにも見えました。

前向きに心に沁《し》みわたってくれているなら、分を超えてまで話してよかった。そうケリをつけようと思った瞬間、岩橋さんが口を開きました。

「すみません、今の話、もう一回最初からしてもらっていいですか?」

ここにきて〝人が真剣に話をしているときに、相手の話を聞かない〟というクセが出たとこのことでした。


番組企画で何時間もかけて並べたドミノを蹴り倒してしまう。

トーク番組で先輩芸人がオチを話そうとした瞬間に、奇声を上げる。

漫才ではツッコミなのに、相方《あいかた》がボケてもツッコまない。


礼儀知らず。不躾《ぶしつけ》。扱いにくい。

そういう要素と紙一重なのかもしれませんが、僕の知る限り、クセの爆発のあとには、さらに大きな笑いの爆発がやってくる。

「なにしとんねん！」「ムチャクチャやな！」……。そんな言葉とともに、すべてハッピーに転化する。それが岩橋さんの才能なのだと、心底思います。

失敗も面白いと受け入れる兼光の存在

ただ、これは一方的な見方でもあります。岩橋さん本人はクセに悩まされ、本気で苦労をしてきた。それが時間と努力によって醸成されてはきましたが、根底にはまだ、苦しみもある。

そこの苦悩を本人に訊《たず》ねたことがありました。取材メモを出します。

最初にクセを意識したのは小学2年のとき。突然、授業中に「ウワーッ！」と叫びたくなったんです。思いが抑え切れなくなって、実際に声を上げました。当然、先生から注意を受けました。ただ、そこで「次、言ったらもっと怒られる。でも、でも、言いたい……」という思いが込み上げてきたんです。それがクセを初めて実感したときでした。

それからも、テストのときに鉛筆の芯《しん》を全部折る。解答用紙に違う名前を書く。マークシートを〝悪い例〟の塗り方で塗っていくといったクセが、学校生活のあらゆるところに出てくるようになりました。

大切なところでこそ、クセが出てしまう。本当に悩みました。

芸人になってからも、相方の兼光《かねみつ》（タカシ）にすら、クセのことは隠してきました。でも、デビュー3～4年のときに転機が訪れたんです。

同期のコンビ「ジャルジャル」のイベントに出演したんですが、そこでもクセが出ちゃいました。ちゃんとしゃべらないといけないのに、誰が聞いてもウソやとわかるような話をしてしまったんです。

そこでジャルジャルが、「絶対ウソやろ！　どんな顔で聞いたらエエねん！」とツッコんでくれて、会場がドーンと沸いたんです。

その瞬間、衝撃が走ったと言いますか、今まで絶対に表に出さなかったものが爆笑に変わった。「これは、出してもいいものなのか……」と。初めての感情でした。

ただ、これは本当に感謝するしかないんですけど、相方・兼光の存在がとてつもなく大きいんです。

もし、クセで漫才がグチャッとなっても、「それはそれで面白いやないか」と本気で、心から言ってくれる。本来、絶対に守るべき、いちばん大切なところでクセが影響したとしても、それはそれでいい。いわば、〝究極のクッション〟を作ってくれているので、今は本当に自然体でやらせてもらっています。

万事、あるがまま。これが、すべて自分やし、これ以上でもこれ以下でもない。本当にそう思うようになりました。

そして〝もしも〟なんて存在しないことも知りました。

これまでは、「今日、あんなクセを出さなかったら、どうなってたんやろ」「そもそも、クセなんてものがなかったら、どうだったんだろう」と思うこともありました。

でも、結局、現実は1パターンしかない。実際に起こったことだけ。そこで〝もしも〟なんてことを考えて、負のスパイラルに入っていくこと自体がナンセンスなんだと。やっと、そう考えられるようにもなりました。

隠して、隠して、なんなら死んでしまいたいくらいイヤだったクセを武器にできる。こんな流れを作ってくださった周りの皆さん、相方、お笑いの世界に、ただただ、感謝するしかないです。

商人と踊り子の不均衡で保たれる絶妙なバランス

コンビでインタビューをするとき、しゃべるのはほぼ、岩橋さんです。兼光さんは横で黙って話を聞いています。

このバランスをペンで表現するのは難しい。兼光さんにも言いたいことはあるだろう。きっとある。でも、それを言ったところでコンビのためにはならない。そこをグッとこらえる。

この兼光さんの奥行きが、このコンビの命だとも思います。

兼光さんは、周りの芸人さんから「天才」と言われるモノマネの技術を持っています。器用の極みです。

ただ、それ以上に僕が見てきたなかで感じるのが、「すべてを吸収する能力」。ここに特化していると考えています。

深夜、どんな先輩が突然、電話をかけてきても丁寧に応じる。呼ばれれば駆けつける。そして、自己主張をするわけでもなく、かといって、黙っているわけでもなく、楽しくお酒を飲む。

2021年に兼光さんが結婚された際にも、実に控えめにご報告をいただきました。

出過ぎることなく、常に控えめで的確。

このバランス感覚が、岩橋さんとのコンビを成立させているのでしょう。これは、ほかの誰にもできないことです。

プラス・マイナスというコンビの特殊性について、二人と話したことがありました。ツッコミという〝訂正役〟がクセ持ちで、個性の塊《かたまり》である岩橋さん。一方、ボケの兼光さんはおとなしい印象があるが、モノマネの腕はピカイチ。そして、スタイルはしゃべくり漫才。いろいろな珍しい形が重なっています。

それをもって、僕が僭越《せんえつ》ながら言わせてもらいました。

「ドラクエでいうと、戦士と僧侶のパーティーはバランスがいいし代表的だけど、二人は商人と踊り子みたいなコンビ」。

二人ともこれでもかと納得してくれました。よく似た形がないコンビ。本当にこれで戦っていけるのかと思わせつつも、二人にしかできない漫才をする。

「芸人とはオリジナリティ」。いろいろなところで芸人さんが言うセリフですが、それで言うと、そこを体現しているのが「プラス・マイナス」だと思います。

上っ面の言葉ではなく、多様性の時代という言葉の神髄を体現してほしい48歳。

プラス・マイナス

兼光タカシ・1978年生まれ、大阪府出身。岩橋良昌・1978年生まれ、大阪府出身。吉本興業所属。2003年、コンビ結成。テンポのいい怒涛のような掛け合いの漫才と、兼光のモノマネ、やってはいけないことをやってしまう岩橋のクセを武器とし、劇場を中心に活動。07年「ABCお笑い新人グランプリ」優秀新人賞、同年「NHK上方漫才コンテスト」最優秀賞を受賞。また、12年、「上方漫才大賞」新人賞、21年、同大会奨励賞、22年、「上方漫才協会大賞」特別賞を受賞した。

EPISODE 21

ゆりやんレトリィバァ「突き抜けた狂気」

幾多の芸人取材のなかでも「怖い」と感じた唯一の芸人

いやらしい話になります。でも、事実でもあるので書きます。

記者は人を見るのが仕事です。その人がどんな人間なのか。ＲＰＧゲーム「ファイナルファンタジー」ならば、属性はなんなのか。どんな特殊攻撃があり、弱点はどこなのか。

それを一瞬で見極めたうえで、話を聞いたり、お付き合いをしていったりすることを求められる仕事でもあります。

人を疑ってかかるとか、そんなネガティブで浅薄なことではなく、うまく取材を成立させてみんなが得をするため。妙なお付き合いを回避するため。知らず知らずのうちに特殊な〝スカウター（漫画『ドラゴンボール』で登場する、相手の戦闘力を計測する機器）〟が標準装備になっている……。それがこの仕事のプロの部分だとも考えています。

ところが、かざしたスカウターが一瞬で焼き切れ、慌てて投げ捨てた。そんな経験をした唯一の取材対象者が、ゆりやんレトリィバァさんでした。

２０１３年にＮＳＣ（吉本総合芸能学院）大阪校35期生を、首席として卒業。世に出てきた頃はホンワカしたルックスから、「山田花子《やまだはなこ》二世」とも呼ばれていました。「おっとりした〝イジられキャラ〟ではあるのだろうが、首席を取るまでの人なのか」正直、その年のＮＳＣの卒業イベントを取材したときの印象は、そうでした。

ただ、そこから見る見るうちに狂気の色が濃くなっていったのです。


大阪のある番組で共演したときには、大御所芸人さんが司会にもかかわらず、いきなりスタジオを飛び出して、みんなを狼狽《ろうばい》させる。スタッフさんも、ボケなのか、正味なのかがわからずに右往左往。

しばらくして、ボケとして再びスタジオに戻ってきました。「勘弁してくれ……」とひれ伏すほど規格外の行動を取っても、必ず笑わせる。唸《うな》らせる。

このセンスと度胸には何度も度肝を抜かれました。


さらに、２０１５年2月、ヤフー内の拙連載でインタビューをしたときにも、ゆりやんさんの恐ろしさを体感しました。

終始、丁重なトーンで「わざわざすみません、取材してもらって。ありがとうございます」と新人らしい姿を見せるものの、話の随所に研ぎ澄ましたナイフが懐からギラリと光ります。

さらに、当時ブレークしていた後輩にも、こちらが喉を詰まらせるくらい牙をむきます。対象は「8・6秒《びょう》バズーカー」でした。以下、インタビュー内容を抜粋します。

本当に正直な話、ここ1~2年は「今、若手で誰がキテる?」みたいな話になったとき、それこそ、私の名前を挙げていただくことも多かったんです。1年目で、「スーパールーキーみたいなのが出てきたぞ!!」というような空気になっていたのに、そこを去年から、ゴッソリ彼らに持って行かれた。メチャメチャ悔しかったです。

だからこそ、ネタ作りにより一層、力を入れました。連日、夜中に劇場に行って、その日の出演者の舞台を記録してある動画を、ジーッと見るんです。吸収できるものがないかな、と。

もちろん、二人は面白いし、見た目もキレイやし、後輩として可愛いんですけど、嫌いとかそんなことではなく、「自分自身、人の応援ができるほど心の余裕もないし、今はとにかく頑張らないといけない時期だ」という考えが強いんです。

ま、もっと言いますと、「絶対に、私のほうが面白い!!」という思いもあります。

芸人さんとして当然の感情。間違いなくそう言える領域ではあると思います。
ただ、優しいのが芸人さんであり、思いをすべて言葉にすることを避けて、奥行きを残す。そんな美学があるのも芸人さんだと思っていました。
一方、むき出しの言葉で、感情で表現する。それがゆりやんさんに感じた狂気であり、ほかに類を見ない魅力でもありました。

悪っぽく見える人でも、らっきょうでいうと、どんどん皮をむいていって最後の芯《しん》の部分は〝善〟な部分はあると思うんですけど、私はそこの芯が〝真っ黒〟なのかもしれません（笑）。

……え、中西さんが部屋を出たあとに、「『ひどい取材やったなぁ……』とか悪口言わんといてください」って？　そんなん、言いませんよ～（笑）。

ゆりやんさんの本当の思いなどわかりません。確認する術《すべ》もありませんし、それを確認したいとも思いません。

ただ、社会に出てから、ひたすらに芸人さんの話を聞いてきた僕が「怖い」と思ったのは、この人だけでした。それは間違いありません。

闇営業騒動の直撃取材で見せた絶品ボケ

芸人さんでプロレス好きな人が多いのは、芸人という職業とプロレスラーという職業に共通点が多いからでしょう。

どちらもお客さんを喜ばせてナンボ。そして、キャラクターを作り、自分を貫く。虚実を織り交ぜた世界ですが、最後は実力が物を言います。

僕は子どもの頃から無類のプロレス好きでしたが、お笑いの取材を続けるなかで、そんなことを強く感じてきました。

そして、プロレスラーに真に必要なのは、キャラクターでもなく、パフォーマンスのうまさでもなく、〝強さと怖さ〟。僕はそう思っています。

ゆりやんさんは、キャラクター以上に強さと怖さを持ち合わせています。強さは「R-1グランプリ」やアメリカのオーディション番組でも証明済みです。

一方、怖さというのは、常識を常識とも思わせない感覚だと僕は考えています。

2019年、吉本興業が闇営業騒動に見舞われ、ワイドショーは1カ月以上、トップニュースとして日々の動きを報じました。

そのなかで、実は芸人仲間から「やっぱりすごいわ」と株を上げたのが、ゆりやんさんでした。

当時は、なんばグランド花月《かげつ》(NGK)など、劇場に入る芸人さんに記者やワイドショースタッフが直撃する映像が多数、放送されました。

ゆりやんさんにも、その姿を見かけたディレクターさんがマイクを向けます。真面目な表情でインタビューを受けるゆりやんさん。笑いに対する真摯《しんし》な思い。吉本興業への思い……。それを語って感極まったのか、下を向いて目頭を押さえます。

やっぱり、お笑いに関してはストレートな思いを持っていたのか。

そんなゆりやんさんの一面をディレクターさんや視聴者も感じたであろう直後、ゆりやんさんが顔を上げると、まぶたがひっくり返っていて、おとぼけ度MAXの顔が現れます。

世の中のすべてを小バカにした瞬間でした。

会社の一大事。あらゆる芸人がかかわる、最高にシリアスな事案。それすらもフリにして笑いを生む。

この一連の流れを見たあらゆる芸人さんが「さすが」という言葉を使い、もうこれ以上のボケはできない、と白旗を挙げていました。

「あとはいかに薄めるかやな」

2021年に「R-1グランプリ」で優勝したとき、複数の芸人仲間から、異口同音にある言葉を聞きました。

「もうこれで、あとはいかに薄めるかやな」

芸人としてのポテンシャルは誰もが知っている。ただ、才能があるがゆえに「さあ、面白いことをやってください」という場を与えられたときに、本当に自分が面白いと思うアーティスティックなことをする。

それがこれまでのゆりやんさんでしたが、ピン芸人として、これ以上ないわかりやすい結果を出されました。

その木戸札を持ったゆりやんさんが、今後、どんな形を提示していくのか。アクセルをふかせるのか。アクセルを緩めて、好きな景色を眺めるのか。

後者をうまく使えるようになったら、もう無敵。そんな思いが「いかに薄めるか」に込められていました。

「一回くらい、優勝しといたらエエんやろ。はいはい」

もちろん、そんな言葉を公の場で出すことはありません。でも、そんな心の声も聞こえてくる気がします。もしかしたら、僕がひねくれた見方をしているだけかもしれません。

ただ、対ゆりやんさん取材でトラウマを負った人間としては、どこまでも言葉の奥行きを考えてしまいます。

こんなお笑いの仕事ばっかりしている僕でも見たことがない芸人さん。その人がこの先、どんな形に進化していくのか。

そのときまでにスカウターの性能を上げておきたい48歳。

ゆりやんレトリィバァ
1990年生まれ。奈良県出身。吉本興業所属。関西大学文学部卒業。2013年、NSC（吉本総合芸能学院）大阪校35期生として入学し、168組の中から首席で卒業。2017年、「第47回NHK上方漫才コンテスト」「女芸人No.1決定戦 THE W」でそれぞれ優勝。また、19年にはアメリカのオーディション番組『アメリカズ・ゴット・タレント』にも出演。21年、「R-1グランプリ」で優勝し、THE Wとの2冠を達成した。

EPISODE 22

渡辺直美「貫き通した長所」

僕が上海で1週間、ともにして感じたこと

今や〝芸人〟というカテゴリーに入れるのが妥当なのか？　そんな思いも出てくる存在になったのが、渡辺直美《わたなべなおみ》さんです。

若者に絶大なる人気を誇るファッションアイコン。アイコン・オブ・アイコン。アイコンが裸足《はだし》で逃げ出すアイコンぶり。

アイコンという言葉の意味がよくわかっていないので、なんとなく連ねてごまかしてみましたが、ま、そんな感じです。ナニな話、日本に留まらず、海外のすんごいステージまで行ってしまいました。

ただ、僕にとっては、非常に親しみがある存在でもあります。

今となっては貴重な体験ですが、２０１０年10月。約1週間、渡辺さんと中国・上海《シャンハイ》で時間をともにしました。

上海万博の会場で中国版・吉本新喜劇が上演される一環として、渡辺さんが現地でパフォーマンスをする。その取材のため、当時、デイリースポーツの記者だった僕は、

上海に同行していたのです。

また、渡辺さんと同じく現地の舞台に立つため、漫才コンビ「中田《なかた》カウス・ボタン」さんも、上海を訪れていました。さらに、別の新聞社の記者、現地でアテンドしてくれる吉本興業の社員さんも同行しました。

渡辺さんは、当時から売れっ子ではありましたが、現在のようなカリスマ的な人気を誇るまでではなく、イチ若手として、どこへ行くにも大きな体を小さくして、遠慮がちにしていた姿が目に焼き付いています。

我々は、ほぼ毎日、一緒に食事をとる流れになっていました。

渡辺さんは、カウスさんやボタンさんから、「たくさん食べや」と言われていました。手羽先の入ったスープを手羽先ごと嚥下《えんげ》し、ダイソンの最新型のようにチャーハンを吸い込んでいくサマが思い起こされます。

そんななか、渡辺さんの今の活躍ぶりを示唆していたのが、〝舞台を見る目〟でした。

可愛げ満載の普段の顔とは打って変わり、中国のパフォーマーの動きをとらえる際の、射抜くような目が印象的です。

「この時間を目に焼き付ける」

「自分も海を越える」

言葉にすると浅薄になりますが、その思いが込められた圧倒的オーラが、体から放たれていました。

そして、いざ自分が異国の地のステージに立っても1ミリも動じない、肝の力。そして、渡辺直美という存在など1ミリも知らないはずの現地の観客を一気に沸かせる、芸の力。

「これくらいのことができなくて、これから何ができる」

そんな心意気と矜持《きょうじ》をこれでもかとパフォーマンスに込める。その空気感が今でも強烈な印象として残っています。

分岐点となったオリラジ中田からのアドバイス

2015年10月。拙連載で「私の恩人」をテーマに、渡辺直美さんにインタビューをしました。

そこで恩人として挙げていたのが、お笑いコンビ「オリエンタルラジオ」の中田敦《なかたあつ》彦《ひこ》さんです。

華のあるルックスとダンスで早くから注目されていた渡辺さんですが、大喜利《おおぎり》など「自分には苦手なものが多過ぎる」というのがコンプレックスでもありました。

当時の取材メモを振り返ると、中田さんからもらった言葉が、一気に世界を広げたとのことでした。

ありがたい話、いろいろとお仕事をいただけるようになりました。でも、私には〝できないこと〟がたくさんあるんです。

先輩がたは事もなげに、いろいろなことをされる。当たり前のように、あれもこれもできる。でも、自分には、明確にできないことが多くあります。

そんなことを悩んでいたとき、たまたま中田さんと同じ仕事になったんです。

地方での営業だったんですけど、現地に向かうバスの中で、ふと素直に聞いちゃったんです。先輩とはいえ、もしくは先輩だからこそ、あまりストレートにそういうことを聞くもんじゃないとも思うんですけど、そのときはスッと聞きました。

「私は大喜利もできないし、苦手なことがたくさんあるし、どうやったらできるようになるんですかね？」

そこで、中田さんが言ってくれたんです。

「お前には長所がいっぱいあるだろ。短所は捨てる。短所を伸ばすよりも、誰もマネできないところまで長所を伸ばす。

短所を伸ばしても、普通のレベルになるだけだから。同じ努力をするならば、長所を伸ばしたほうが絶対にいいし、その長所があるんだから」

その言葉で、考えたんです。「自分の長所ってなんなんだろう」と。

ビヨンセもやって、コントでいろいろなキャラクターもやらせてもらっているので、もしかしたら、私の長所は〝表現力〟になるのかなと。

そこを伸ばすには、どうしたらいいのか。

そこで、何がどうなるのかわからないけど、とにかく向かったのが、ニューヨークだったんです。それが２０１４年の５月でした。３カ月間の短期留学だったんですけど、自分にとってすごく大きな3カ月でした。

最初のニューヨーク留学から年月が経《た》ち、渡辺さんは大きく成長。中田さんも吉本興業を出て、こちらもまた、海外を拠点に新生活を始めました。否応なく、時間の流れを感じますが、渡辺さんはインタビューをした際、中田さんへの恩返しについても語っていました。

私が言うのはホントにおこがましいんですけど、中田さんって強がりな部分があって、私たち後輩にはもちろん、先輩にも本心を見せない部分があるんです。そのうえ、真面目なかたなので、考え込んでしまうところもある。なので、恩返しは、いつの日か、「直美。実は、こんなことがあってさ……」と相談されるような人間になることですかね。

ただ、それをやるには、こちらのステージをもっともっと上げないとダメです。50歳なのか60歳なのか、いつになるかわかりませんけど、そんなことができたらいいなと思っています。

超売れっ子の今でも繰り広げる超絶バカ話

そして、この本を書いているさなかに、ある関係者からうれしい話を耳にしました。コロナ禍《か》もあって日本に戻っている渡辺さんは、旧知の芸人さん、そしてその関係者のかたと食事に行ったそうです。

渡辺さん以外の参加者はメディアの仕事をされているので、「何かしら面白い話が出れば、それもお互いの仕事に結びつけられるのではないか」と、しょうもない貧乏根性ではなく、少しでも渡辺さんやみんなのためになれば……。という前向きな感覚で宴席に臨んだといいます。

ところが、仕事に結びつきそうな話はゼロ。終始、人前で話せないようなド下ネタを軸にした超絶バカ話100％で宴は終わった、とのことでした。

アイコンである前に、やはり今も、芸人である。

面白さという幹がしっかりしているから、アイコンだのなんだのというトッピングが乗ってもヘタれない。そんなことを強く痛感した話でもありました。

顔は人生の名刺だと、つくづく思い知らされます。

よい積み重ねがその人の〝味〟を作っていく。逆に、粗悪な積み重ねなんてことになったら、もう取り返しがつきません。

渡辺さんは、どんどん、いい顔になっていっています。これは僕のみならず、多くの芸人さんが異口同音に語っていることです。

僕も人生の折り返しは過ぎているだろうし、果たして渡辺さんのように、いい積み重ねができているのか。今一度、大きな命題を渡辺さんの顔から考えさせられました。

恐ろしい真理と向き合うのに疲れたので、とにかく射貫くような目線でチャーハンを吸い込んで、磁場をゆすぶってみる48歳。

渡辺直美

1987年生まれ、茨城県出身。吉本興業所属。NSC（吉本総合芸能学院）東京12期生としてデビュー。ビヨンセのモノマネでブレイク。2008年、「笑っていいとも！」（フジテレビ系）の14代目いいとも青年隊（＝いいとも少女隊）に抜擢された。以降、若い女性を中心に圧倒的な人気を誇っている。14年、ニューヨークへの短期留学を行い、18年にはワールドツアー「Naomi Watanabe WORLD TOUR」をニューヨーク、ロサンゼルス、台北で開催。21年4月から活動拠点をアメリカに移した。コスメブランドのプロデュースなど、ファッション分野でも活躍中。

EPISODE 23

桂南光「軽妙洒脱」

一つの仕事に対して筋を通す思い

「ちょっと、しゃべらせてもらってもいいですかね」

僕がレギュラー出演しているＭＢＳラジオ「松井愛《まつい あい》のすこ〜し愛して♡」で共演している落語家・桂南光《かつらなんこう》さんが、２０２２年10月３日の生放送のＣＭ時に、こうおっしゃいました。

９月30日、６代目三遊亭圓楽《さんゆうていえんらく》さんが亡くなりました。

僕の芸能コーナーで圓楽さんの話をすることにはなっていたのですが、こちらが持ってきているであろう話を少し置いておいて、自分が話す。南光さんがこんなことをおっしゃるのは、珍しいことです。それだけ圓楽さんへの思いが強いのでしょう。

そして、芸能コーナーが始まると、ご自身の思いを語ってくださいました。

年齢は彼のほうが一つ上で、芸歴もちょっと彼のほうが上、という関係でした。

もう16年ほど前から博多でやっている落語イベントがあって、それは圓楽さんがプロデュースをしてるんです。あまり噺家《はなしか》がプロデュースすることはないんですけど、

今や一大イベントになりました。

あるとき、現地でそのイベントを仕切っている会社の社長さんと、話したことがあるんです。

その会社は普段、大きなアーティストのコンサートを仕切っているので、「落語会なんかやっても儲《もう》からないでしょう？」と僕が訊《たず》ねたんです。そしたら、社長さんがおっしゃったんです。

「最初、イベントをやろうとなったときに圓楽さん、当時の楽太郎《らくたろう》さんがおっしゃったんです。

『ごめんね。これをやっても儲からないと思う。でもね、赤字にはさせないから。もし赤字が出たら全部、俺が補填《ほてん》するから』

その言葉に胸を打たれて、これまでずっとやらせてもらってきました」

あと、どの日に誰と誰で出番を組むという細かい座組《ざぐみ》も、全部、圓楽さんがやってたんです。これはね、圓楽さんじゃないとできない。というのは、単なるスケジュールじゃなくて「この人とこの人は折り合いが悪いから」みたいなことも、全部把握して組むんです。

ルックスがシュッとしてるからスマートなイメージがあるかもしれませんけど、本当に情に溢《あふ》れた人でした。


そして、これはあんまり知られてないけど、圓楽師匠（5代目三遊亭圓楽）が落語家になる前、大学生のときに先代の圓楽さんの付き人を務めていたときに、あの人が作った名刺があるんです。そこに、あの人が書いた自分の肩書があってね。

「名人・圓楽の懐刀」

それを見て圓楽師匠はニヤッとしたんです。先代の圓楽師匠はそういうニュアンスが嫌いな人ではなかった。そこまで見越して、圧倒的なセンスで最高の答えを出す。それをやり続けたのがあの人でした。

まだ噺家にはなってなかったけど、もうその名刺の時点で、あの人のセンスが凝縮されていると僕は思っています。

まぁね、そんな人やったんです。ホンマに。


すさまじい話の連打に、生放送ながら、言葉を失うほどでした。

そして、生放送後に南光さんがポツリとおっしゃいました。

「正男《まさお》ちゃん、ありがとうね。これまで新聞社の記者さんがコメントを求めてきてくれてたんやけど、全部お断りしててね。この番組で話をさせてもらおうと思って」震えました。

一つの仕事に対する思い。筋の通し方。至近距離で痛感しました。

とことん妙味があり、とことんスマート

ラジオというのは実に面白いものです。

出演者、スタッフさん、みんなの距離が極めて近い。それがまた楽しい。だからこそ、上沼恵美子《うえぬまえみこ》さん（20ページ参照）や明石家《あかしや》さんまさん（66ページ参照）、有吉弘行《ありよしひろいき》さんらは、ビッグになっても未だに大切にされています。

門外漢である僕が、おこがましさを凌駕《りょうが》してまで綴るほど、ラジオの面白さを心底感じています。

2022年秋現在、僕は先述したMBSラジオ「松井愛のすこ〜し愛して♡」と、ABCラジオ「ウラのウラまで浦川《うらかわ》です」、ABCラジオ「高山《たかやま》トモヒロのオトナの

部室」という3番組のラジオに、毎週出してもらっています。

また門外漢が恐縮ながら、ラジオという空間で毎週、時間をともにする。ここに特別な意味があることくらいは、僕にでもわかります。

その意味をとりわけ強く学ばせてもらっているのが、南光さんです。


リスナーさんから夫婦関係に関するメールが届くと、CM中に「国際的男女問題研究家」という肩書も持つ、南光さんらしい独自の解釈が始まります。

「さっきはああ言うたけど、ホンマはね……」

何一つ放送に適さない言葉、方向性、概念を連ね、これ以上ない納得感を残す自説を披露します。

大いにオブラートに包んでニュアンスだけ綴ると、かつて、男女の営みにおいて、女性の胸を侵攻していく際の心得も熱く語ってらっしゃいました。

「あれはね、ゴマ豆腐みたいなもんなんです。ゴマ豆腐を作るとき、最初はシャバシャバな葛《くず》を鍋の中で練りながら炊《た》いていくんやけど、それがね、ある瞬間から一気に粘り気が出てきて、グッと弾力が出てくる。本当に一瞬で。

ゴマ豆腐も、女性の胸も、その一瞬まで手を止めたらアカン」

ほとんどの人がゴマ豆腐を炊いた体験がないなか、僕は大学時代に精進料理のお店でアルバイトをしていたので、頻繁にゴマ豆腐を作る工程に触れていました。だからこそ、その〝一瞬でグッと来る感覚〟が理解できました。

その話をしたときの南光さんの、「正男ちゃん、わかるか！」といういう顔のうれしそうなこと。本番中ながら、気持ち的にはバイキングが腕を絡ませてジョッキのビールを飲んでいる感じになっていました。

そんな具合で深みしかない話をし、さらに自分の周りで起こった実体験を披露していく。そこには、誰もが知っているような芸能人の名前もこれでもかと出てきます。

「正男ちゃん、芸能の仕事をしてても、こんな話は知らんかったでしょ？」

「そら、知らんわ！」とこちらが瞬時にツッコミを入れたくなるくらい深く、生々しく、強い芸能ウラ話を展開します。

そして、CMが終わって再び本番に入ると、それまでの話を匠《たくみ》が伸ばした金箔《きんぱく》くらい薄くした僕の芸能ニュースに耳を傾ける。

我ながら、その高低差にクラクラしながら自分の芸能コーナーを終え、またCMに入ったところで、南光さんは「さっきの話、まだ続きがあってね……」と話し出す。

軽妙洒脱《けいみょうしゃだつ》。

何回、広辞苑を引いても本当の意味はつかめませんでしたが、恐らく、この一連の南光さんのムーブこそが、軽妙洒脱なのだと思います。

以前、「メッセンジャー」のあいはらさん（164ページ参照）と僕のトークイベントに出てもらう話を、南光さんに打診しました。すると、「俺も出してほしいと思ってたんや」と、前のめりに快諾。こちらの申し訳なさを打ち消す、なんとも男前な言葉遣いです。

そして、知らぬところで落語会の出番を自ら調整してでも出演を実現させ、出演料を受け取らずに「楽しかった」と言ってサラッと帰る……。とことんスマートです。

ラジオ番組の出演者とスタッフ十数人を、南光さん行きつけのお店にお招きいただくことも、何度もありました。

毎回、それはそれはオシャレかつ芳醇《ほうじゅん》なお店ばかり。大阪・北新地《きたしんち》のカウンターだけのフレンチで、技巧と温もりの極致のようなお料理をいただき、よきお酒をいただき、最高のサービスを受けながら、番組本番を顆粒《かりゅう》になるまで煮詰めたような下《げ》卑《び》た話をする。

この世に楽園というものがあるならば、こういうことなのか。いつもそう思う時間を過ごさせてもらっています。

ダサさとは一線を画す、オシャレで面白い落語家

落語の取材をする度に、心底痛感してきたことがあります。

「恐ろしい芸だなぁ」

落語というのは一人の芸です。そして、主に古典と呼ばれる昔からある噺を演じる。いわば、話の内容はお客さんにバレているなかでお客さんを楽しませる。

そうなると、行きつくところ、その人の技量、人間力、センスがこれ以上ない形でむき出しになる。そんな芸だと思います。

落語は「記憶の芸」とも言われます。

もともとある噺を覚えて、練磨して、お客さんに披露する。努力をすれば、ある程度まではうまくなる。ただ、そこに宿るオーラや度胸、人間としての厚み。そんなと

ころは、稽古《けいこ》だけではどうしようもない。

俳優経験は全くなくても、修羅場をくぐってきた大社長がスクリーンに映ると、なんとも言えない説得力がある。人間の目というのは不思議なもので、理屈抜きの説得力を、その人のオーラから感じるものです。


落語家は一人の商売です。本人さえいいと思っていたら、その形を追い求めていい。それは誰にも止められません。

今のご時世、どこで売ってているんだ！　と思うようなマジックテープで止めるタイプのスポーツシューズを履き、ダボッとしたチノパンに、キレイに洗濯してあることだけが免罪符のような半袖カッターシャツを合わせる。

なんというのか、このようなダサいタイプの落語のかたを、何人も見てきました。お金のあるなしではなく、そんな格好の人も相当数いらっしゃいます。

そして、そういうところに変に力を入れない。

シンプルに生きて、芸で魅せる。

それが一つの美徳として、一部の落語家のかたがたのなかに存在しているのも事実だと思います。

ただ、すべてを取っ払って、それこそシンプルにそのサマを見たときに、やはり、あるワードが頭に受かんできます。

ダサい。

落語は伝統芸能であり、メディアで売れる以外にも正解がある。落語に邁進《まいしん》し、芸を磨き、落語会でお客さんを満足させる。それも立派なことだし、難しいことです。

一方、誰が見ても一瞬でわかる南光さんの特徴をひと言で表します。

オシャレ。

本当にオシャレです。

食事のときのお店選びや振る舞いもオシャレですが、服装もオシャレ。無地の紺色のジャケットに見えて、実はよく見ると迷彩柄。カバンにしても、帽子にしても、何もかもオシャレで、イメージとしては、肩ひじ張らない英国紳士のようです。

ピン芸人のガリガリガリクソンさんの名言「チワワ飼ってる女、全員アホ」よりは薄味ですが、それでも僕の偏見を込めた言葉を綴っておくと、

「ダサい落語家さんは面白くない」

それを感じてきました。

その逆が、南光さんです。


今から思うと、「これを若気の至りというのだな」ということがありました。

2002年、僕が桂米朝《かつらべいちょう》さん（94ページ参照）にインタビューをしたとき、ふと、シュートを仕掛けるようなことを米朝さんに訊ねていました。

「誰の落語が上手だと思いますか？」

「昨日の晩ご飯、なんやったん？」と、いきなり人の家の冷蔵庫を開けるレベルの質問でしたが、そこは人間国宝。紫煙をくゆらせながら、ゆっくりと答えてくださいました。

「そうですなぁ。ま、それで言うたら、吉朝《きっちょう》（桂《かつら》吉朝。2005年逝去）はそうでしょうね。あとね、南光もうまいんですよ」

おこがましさの上塗りながら、20年経《た》って、米朝さんがおっしゃっていた言葉の意味が、多層的に味わえるようになった気がします。
いつか軽妙洒脱〝風味〟くらいにはなってみたい48歳。

桂南光
1951年生まれ、大阪府出身。米朝事務所所属。70年、上方落語の爆笑王である桂枝雀に師事し、芸名・桂べかこで活躍。81年、「朝日上方落語名人選新人コンクール」優勝。93年、3代目・桂南光を襲名。94年、「上方お笑い大賞」大賞を受賞。2022年、「芸術選奨大衆芸能部門・文部科学大臣賞」受賞。上方落語界の重鎮である桂文珍、笑福亭鶴瓶とともに毎年行ってきた落語会「夢の三競演」は、上方の冬の風物詩となっている。本業以外にも、料理、絵画など趣味を活かし、多方面で活躍中。

EPISODE 24

「先回りするインテリと愛嬌」

みながわ（ネイビーズアフロ）

売れるための最強の武器〝可愛げ〟を兼ね備えた逸材

この本を書くにあたって考えたことがあります。

「後出しジャンケンばかりでは格好悪い」

要は、すでに売れている人ばかりを並べて「この人はすごい」と綴っても、何かむずがゆさもある。

まあ、本の属性上、売れている人の売れている理由を綴るのだから、それでも悪くはないんです。ただ、これから伸びしろを持っている人の話もしておきたい。そう思ったときに出てきた名前が、「ネイビーズアフロ」のみながわさんでした。

こんな仕事をしていると、毎年、年末にあらゆるところからオファーをいただきます。「来年、ブレークする芸人さんについて話してもらえますか？」「この人は売れるというテーマでコラムを書いてもらえますか？」。

ここ何年か、そんな企画で名前を挙げさせてもらっていたのが、ネイビーズアフロなのです。

とかなんとか綴りつつ、もう今となってはそういう企画で名前を出すのは〝後出しジャンケン〟感が出ているくらい、関西ではすでに売れっ子のレールに乗っています。ただ、そのさらに前から売れるニオイはプンプンしていました。

京都市立堀川《ほりかわ》高校の同級生で、ともに神戸大学出身という経歴を持つ高学歴コンビ。どこまでもストイックなみながわさんと、どこまでもマイペースなはじりさんというコントラストもよくできています。さらに、２０２０年に開催された「第50回ＮＨＫ上方漫才コンテスト」で優勝するなど、ネタの強さも証明しています。

わざわざ僕が綴らずとも、シンプルに見て売れるポイントが多いコンビだとは思います。ただ、そのなかで僕が名前を挙げ続けているのは、みながわさんの〝可愛げ〟を直に見てきたからです。

僕はラジオやテレビ、コラムでも何度となく主張してきましたが、芸人さんが売れるために大切だと思っていることの一つが〝可愛げ〟です。桂米朝《かつらべいちょう》さん（94ページ参照）のページでも似たようなことを綴りましたが、大切なことだと思うので、今一度綴ります。

芸能界は、人が人を選ぶ仕事です。そして、面白さというものは、プロ野球の打率や陸上競技のタイムのように、数値化はできません。

そうなると、仕事相手に「なんとなく、この人といるといい感じだな」「この人がいると空気がよくなるな」と思わせる能力が大切になってきます。

そうやって「またこの人と仕事をしたい」と相手に思わせ、その状況が続くことを〝売れる〟というわけです。

逆に、「気難しい人だな」「感じの悪い人だな」「この人がいると空気が悪くなるな」と思うような相手と、普通は「また、仕事がしたい」とは思いません。

可愛げは売れるために非常に大きな要素であり、自然とそれを持っていることは、強い武器でもあります。

吉本に忠誠を誓うか、と問いかけた瞬間……

ずいぶん回り道が長くもなりましたが、僕が見てきたみながわさんの可愛げを綴りたいと思います。

「ネイビーズアフロ」のお二人とは、ラジオ番組でたびたびご一緒しているのですが、コロナ禍《か》のはるか前、ラジオ番組のプロデューサーさんの自宅で、スタッフさんやほかの芸人さんも集まって宴会をしたことがありました。

全員、すさまじいまでに苛烈な飲み方だったため、一人減り、二人減りと、みんな脱落して帰宅していくなか、最後まで残っていたのがみながわさんでした。

ナニな話、プロデューサーへの心証をよくするために残るということではなく、「純粋に楽しいから、いさせてください」という思いがにじみ出ている可愛げ。残ることは、ほぼ誰でもできるでしょうが、そこでその空気がにじみ出てくるのが、みながわさんの才能だと思います。

そして、そこで僕が仕掛けた「偏差値32の大学のイベントサークルの宴席でのゲーム」みたいなノリにも、みながわさんは、倍以上の偏差値をかなぐり捨て、ど真ん中で勝負してくれました。

別の宴席の話です。

ガダルカナル・タカさん（104ページ参照）のエピソードでも出ましたが、大阪市西成区《にしなりく》に僕が行きつけのお寿司屋さんがあり、そこにみなながわさんとテレビ局のディレクターさんと行くことがありました。

80代のおばさまが一人で切り盛りされているお店で、本当によくしてくださるお店です。「正男《まさお》ちゃん、もし飲みたいお酒があったら、勝手に持ち込んで飲んでね」と言ってくださるので、その日は、お言葉に甘えて赤ワインを持ち込んでいました。

この赤ワインはそのへんで買ったものではなく、特別な一本でした。僕の結婚祝いとして、吉本興業の当時の社長さんからもらったものです。

ワインに疎い僕でも、いいワインであることは、その佇《たたず》まいからわかります。いつ開けようかとずっと家に置いていたのですが、飲むならみんなで飲むときのほうが楽しいだろうと思い、お寿司屋さんに持って行きました。

宴が進み、みんなしっかりお酒を飲んだあたりで、赤ワインを出しました。いい品なので特別なときに開けようと思っていた、と説明し、店主のおばさまにもお付き合いいただき、みんなのグラスに注ぎました。

ただ、そのままグイッと飲んでもあまり値打ちがないので、吉本興業所属のみながわさんに対して一つ、負荷をかけさせてもらいました。

「このワインを飲むということは、ある種、吉本に忠誠を誓うということにもなる。飲むか飲まないかは自由」

……そんなノリを作ろうかと思って話し出した瞬間、みながわさんはグラスのワインを一気飲みし、底に残った澱《おり》までねぶってました。

同席していたディレクターさん、僕はもちろん、居合わせたお客さんも全員爆笑。お酒の勢いもあって、小さなお寿司屋さんが揺れるくらいの笑いに包まれました。高学歴でクレバーという部分と、瞬時に針を振り切る勢い。それがあいまった可愛げが爆発した、最高の夜となりました。

そして、その流れを一晩で終わらせないのが、みながわさんの、みながわさんたるところです。

ことあるごとに、要所要所でそのワインのコルクの写真を添えて、「また、あんな素敵な夜のお供をさせてください」とＬＩＮＥで送ってくるのです。これは卑怯《ひきょう》です。ただ、ま、当然悪い気はしません。

いつの日か、スターになったみながわさんへの忠誠誓いとして、ご馳走《ちそう》してもらったワインの澱までねぶってみたい48歳。

みながわ
1992年生まれ、京都府出身。吉本興業所属。神戸大学発達科学部（現国際人間科学部）卒業。高校・大学の同級生であるはじりと2011年にネイビーズアフロを結成。コンビとして、20年「第50回NHK上方漫才コンテスト」優勝、21年「第56回上方漫才大賞新人賞」受賞など、受賞歴多数。神戸大学卒業の経歴を活かした、得意げに雑学を披露する芸風が持ち味。特技は、人を気持ちよくさせる〝ヨイショ芸〟と、人に嫌われる〝嫌われ芸〟。

EPISODE 25

市川義一（女と男）「柳に雪折れなし」

　努力をする。

どの仕事においても大切なことです。大切というか、基本過ぎて、いちいち粒立てて言わなくてもいいくらいの要素かもしれません。

ただ、実は難しいのが〝努力の仕方〟です。

何をするのが努力になるのか。どんな努力が成功に結び付きやすいのか。とりわけ、それが見えづらいのが芸人さんの世界だと思います。

「M－1グランプリ」で優勝する。これは超正統派の売れ方であり、そのためのネタ作りをする。積み重ねをする。これはド本流の努力です。

ただ、それだけが努力ではない。そして、十人十色の成功があり、それぞれに努力があるのも事実です。

40以上もの資格を保有する異彩の芸人

僕の中で顕著な〝努力家〟が、男女コンビ「女と男」の市川義一《いちかわよしかず》さんです。

「4番でエース」だけで野球はできません。2番には2番の、8番には8番の需要があります。

もっといえば、スタメンだけが野球選手ではありません。ワンポイントリリーフ。代走。守備固め。犠打専門の代打……。「これなら、絶対にこの人！」というポジションを見つけるための積み重ねを〝努力〟というのかもしれません。

市川さんは、「ファイナンシャルプランナー3級」など、現時点で約40以上もの資格を保有しています。また、出身地ではないのに、ふるさとPR大使を務める兵庫県市川町《いちかわちょう》に物件を買って、そこを基盤とした展開を見せています。

当然、ブレイクのきっかけとなったモノマネキャラ「井上小公造《いのうえここうぞう》」も、努力によって誕生した賜物《たまもの》です。

2020年12月に取材したインタビューで、市川さんは心情を吐露していました。

最初に井上公造《いのうえこうぞう》さん（304ページ参照）のモノマネをさせてもらったのは、10年前くらいです。

テレビで相方《あいかた》のワダちゃんが、僕が公造さんに似ている、というボケをしまして。

それを渡辺徹《わたなべとおる》さんが見てくださって、公造さんと引き合わせてくださったんです。

そこから少しずつ、芸人のなかでも「似てるなぁ」という声が広がっていきまして、お仕事にも次々と結び付いていったんです。次第に、東京の番組にも呼んでもらえるようになりました。

僕自身が何かをするというよりも、番組には、必ず旬の人気者が出てらっしゃる。そのかたの裏ネタを、僕が小公造として言う。

この型は、いろいろな番組で使っていただけるので、本当にありがたいばかりです。

あと、僕が資格を取るきっかけになったのは、10年ほど前でした。

ワダちゃんの注目度がどんどん上がっていって、ワダちゃん単体のテレビ出演が一気に増えたんです。

ワダちゃんは、ほぼ毎日仕事があるけど、僕はほとんどない。となると、時間はある。そこで、現役芸人で「ファイナンシャルプランナー」というのは面白いんじゃないか、となったのがスタートでした。

ほかの芸人さんからは、「なんやねん、その資格。どこで使うねん！」とイジッてもらうような資格もなかにはあります（笑）。
ただ、家電製品アドバイザーは、今やっているYouTubeチャンネルにつながってい
ますし、16年に取得したラグビーのC級レフェリーライセンスがあったから、19年の
ラグビーワールドカップでお仕事もいただきました。

お笑いは本当に難しくて、頑張ったとしても、結果が出るかどうかはわかりません。
でも、資格は頑張ったら、かなりの確率で結果が出る。積み重ねの力というか、こ
ういうやり方もある。

先がどうなるかはわからないですが、日々、そうやって取り組んでおくことは、と
にかくムダではないのかなと思って、やり続けています。

変な言い方に聞こえるかもしれませんけど、いい意味で〝あきらめが肝腎〟という
のは、自分で感じています。

野球でたとえると、4番バッターじゃなく代走を狙うというか。代走のスペシャリ
ストを目指す。こんなん言うたら、代走のかたに失礼なのかもしれませんけど、求め
られるプロを目指す。感覚としてはそういうイメージに近いかもしれません。

〝夢を見てもいいけど、夢を見るな〟。この思いは自分のなかにありますね。

「M－1グランプリ」でチャンピオンになるのは本当にすごいことだし、素晴らしいことですが、僕らはなれなかった。もうコンビを組んで15年以上経《た》つので、今からどんなに頑張っても出場することはできない。

でも、この世界にいるために別の努力をして、端っこでもいいからずっといてる。そういうやり方もあるんじゃないかなと思います。


「トミーズ」の雅《まさ》さんに言っていただいたことがありました。

「お前、すごいな。売れてないのにやれてるもんなぁ（笑）。この世界は売れることも難しいけど、長続きさせるのがもっと難しい。お前は気づいたら、ずっとおるもんな」

薄く長く。なんとかやらせてもらっています。


ここには、実は仕事で成功するエッセンスが詰まっています。僕はこれまでに何千組とインタビューをしてきましたが、そのなかでも、実は、核心をついたインタビューの一つだと思っています。

お笑いの世界で食べていくため、柔軟に動く

こういった、いわばちょっと変わり種の攻撃型呪文《じゅもん》だけではなく、実は市川さんが持っているいちばん大きなポイントは、「いてくれるとみんなが助かる」「みんながやりやすくなる」という、補助呪文的な要素です。

市川さんにへっぽこキャラクターを演じてもらって、みんながそこにツッコむことによって、みんなの攻撃力がバイキルト（ＲＰＧゲーム「ドラゴンクエスト」内に登場する攻撃補助呪文の一つ）的に上がる。何かしらのひずみを、すべて市川さんが吸収するような、大防御的な役割を果たす。

その結果、その番組やイベントが盛り上がって、勝ち戦になる。これは稀有《けう》な特性でもあります。

僕が、なぜ、これを思うのか。

市川さんとは「メッセンジャー」あいはらさん（１６４ページ参照）が２０１６年から21年まで、プロ野球のオフシーズンに、「メッセンジャーあいはらの夜はこれか

ら」（ＭＢＳラジオ）の第2期（17年度）でご一緒しました。

あいはらさん、市川さん、僕という座組《ざぐみ》で、毎回2時間の生放送を、どう面白いものにするのか。乗組員としてあらゆる経験をしました。

そこに市川さんがいてくれたら助かる感覚を、お笑い門外漢の僕でも感じました。

でも、実は一本筋が通っていることもある。それが相方・ワダちゃんへの思いです。

これも、過去の取材メモを再掲します。


もともと僕は、「ひじき」という男性コンビを組んでいました。当時、「笑《わら》い飯《めし》」さんや「千鳥《ちどり》」さん（１１６ページ参照）らと一緒の舞台に立っていたのですが、ただただ、「この人たちはすごいな……」と思いまして。

「この人たちに、どうしたら勝てるんやろ」と。それを考えたときに、同じ土俵に立ったらアカン、と思ったんです。

ワダちゃんと組んだのも、別にワダちゃんを利用したとかじゃないですけど（笑）、〝男女コンビ〟という別軸に身を置かないとダメだ、と思ったんです。

そして、そのすべての根っこにあるのが、「この世界にいたい」という思いです。真ん中ではなくても、端っこにでもいたら、このお笑い界にいてることになる。そして、この世界で楽しいことができる。

自分で言うのもなんですけど、お笑いよりも、もっと向いてる仕事はあると思うんです。サラリーマンもやってましたし、何かを売るという商売も向いていると思います。そんな甘いものじゃないですけど、嫁にも「ほかの仕事のほうが向いてるんじゃない？」と言われてます（笑）。

でも、やっぱりお笑いが好きなんです。本当に楽しい。だからこそ、そこで食べていくために、好きなことのなかで向いてることを探しています。

あと、何があっても、僕からは「解散しよう」とか「辞めよう」とかは言わないでおこうとは決めてます。

僕は続けたいし、ずっと続けるつもりですから。もちろん、人の人生ですし、この先、たとえば、ワダちゃんがアートですごく人気になって、また別のことがやりたいとなったら、それはそれでいいことですけど、僕から辞めることはありません。

ワダちゃんが結婚しても、コンビは変わらないでしょうし、子どもができたら、産休もとってもらいたいですし。

でも、この仕事を続けるうえで基盤になるのはコンビですし、僕は何があろうが辞めないし、ワダちゃんいてのものですから。

柳に雪折れなし。

真に強靭《きょうじん》なものほど、柔軟に動ける。そんなことを感じさせる話でもありました。

もう一つ、市川さんの、芸人としての芯《しん》を感じる話があります。残っているメモから書き出します。

吉本興業のいわゆる闇営業騒動が起こるまでは、知り合いの社長さんからのちょっとしたお仕事、いわゆる〝チョク〟というのがあった。

あるとき、学校の文化祭に顔を出す、という仕事をもらった。

そこの生徒さんが焼いた焼きそばやたこ焼き、フランクフルトなど、お世辞にも料理とはいえないクオリティの物が、次々と運ばれてくる。

そこで市川さんは、呼んでくれた社長から、「市川君、遠慮せんと」という言葉がかかる前から、細身のメガネ姿の体がジャイアント白田《しろた》さんに見えるくらいの食べっぷりでほおばっていた。

- - - - - - - - - - - -

テレビでもチョクでも、いかに必要とされるか。その神髄を見ました。

恐らく、ここからまた仕事が増えることだと思いますが、気になることもあります。

「あのですねぇ～、『女と男』の市川さんなんですけど、これ絶対に言わないでくださいよ！

実は、東京での大きな番組の収録前、1時間に8回はトイレに行くらしいですよ」

どれだけ東京の仕事が増えようが、いつまでもこの裏ネタをアップデートしてほしくない48歳。

市川義一

1980年生まれ、大阪府出身。吉本興業所属。2003年、ワダちゃんと男女お笑いコンビ「女と男」を結成。05年、「新人お笑い尼崎大賞」奨励賞を受賞。芸能リポーター・井上公造氏のモノマネキャラ「井上小公造」で注目を集める。また、コンビで活動するかたわら、ファイナンシャルプランナー3級、家電製品アドバイザーなど、40以上もの資格を持つ。市川と同じ名前であることから、出身地ではない兵庫県市川町のふるさとPR大使に、コンビで任命された。

EXTRA EPISODE

井上公造「芸能人との共生」

身につけた術を全部教えてくれた師匠

書籍という後世に残る物で、しかも、お金を払っていただく物のなか、身内のことを綴る。

みっともない、というのも違うかと思いますが、少なくとも、決して〝みっともいい〟ことではありません。

ここで綴ろうとする井上公造《いのうえこうぞう》さんは、芸人さんではありません。

ただ、僕がこの本を書かせてもらうならば、エゴかもしれませんが、我が師匠である井上さんのことは入れておきたい。個人的な思いから、今、キーボードを叩いています。

2012年8月16日午後2時。大阪・リーガロイヤルホテルのロビーラウンジで、井上公造さんと待ち合わせをしました。

当時、僕はデイリースポーツの芸能担当記者で、同年8月1日に結婚。8月3日に

所属部長から、広告局への異動を打診されていました。

井上さんとロビーラウンジで約1時間話した結果、僕は、会社員から今の仕事に転身することを決めました。共通の知人だったある社長さんが、僕の異動をきっかけに将来のビジョンを描いてくださり、転職へと話が一気に進んでいったのです。

そこからは、井上さんの事務所に所属する形で芸能記者として書き物を続けながら、テレビやラジオ、イベントに出演する生活を、2022年秋現在、10年以上続けています。


一方、井上さんは同年で、すべてのレギュラー番組を卒業しました。無理やりセンチメンタルに捉える気はないのですが、師匠の大きな節目に思うところは、多々あります。

節目に際して、事務所に入ったときに、井上さんから教わったことをまとめたメモを、改めて見てみました。次の通りです。


「テレビでの僕らは〝パス〟役。いかにして、メーンの人がシュートしやすいパスを出すか。バラエティ番組での立ち位置は、それに特化すべし」

「その場に関係ない話にも関係ある話をまぶす。共通項を見出して、スタジオにいる人の話を絡めていくなどして、その場の熱が上がる方向を考える。

そして、踏み込むときは思いっきり行く。ドラマでの〝中途半端なビンタ〟はしらける。それをやってはいけない」


「いちばんあってはならないのは、トークの流れを断ち切ること。

不倫ネタで『ほかにも不倫をしている人もいますもんね』なんて相槌《あいづち》を打った以上は、それは誰かを言わないといけない。もし、『え？　誰？』みたいになったら、メーンの人にだけこっそり耳打ちするなどしてでも、流れを止めないようにする」


これはごく一部ですが、ご自身が試行錯誤のなかで身につけてきたことを、本当にそのまま、全部教えてくれていました。

この仕事を10年以上やってきたからこそ、あのとき、一切惜しみなく身につけた技をこちらにごっそりと渡してくれていた。今では、それがよくわかります。

「芸能人と共生する」発明を生んだ第一人者

ボクサーにもいろいろなタイプがいるように、芸能記者にもいろいろなタイプがいます。

取材先との付き合いなどはせず情報をもとに、スクープという果実を取っては次に行く〝焼き畑式農業〟タイプ。

関係者との付き合いもしっかりしたうえで土地を耕し、肥沃《ひよく》にして作物を収穫する〝定住型農業〟タイプ。

もちろん、これ以外にもいろいろなタイプもありますし、どちらがいい悪いということでもないとは思いますが、僕は自分の性格と合致し、より作物がたくさん取れる方法として〝定住型農業〟タイプを選んできました。

そして、井上さんのところに入ることになった際、考えたことがありました。

「自分とは全く違う、スーパー焼き畑方式だったら大変そうだな」

そんなことを思っていましたが、それは逆の意味で裏切られました。

タイプでいうと、井上さんも同じ定住型農業でした。ただ、同じ流派だからこそ驚きました。その手間と正確性が、格段に違うのです。

そこまで深く土を耕すのか。そこまで考えて肥料を配合しているのか。そこまで厳密に肥料のエリアを管理しているのか。そこまで休みなく畑を手入れするのか。

同じ農法だからこそわかる、気が遠くなるほどの手間。そこに衝撃を受けました。

そもそも芸能マスコミというのは、いろいろな言葉を向けられる領域でもあります。ただ、あの農法を、あの手間を36年続けられる人が、世の中にどれくらいいるのか？　そこは純粋に思う部分でもあります。

井上さんは、「芸能人に突撃する」というかつての芸能マスコミのスタイルから、「芸能人との共生」という発明品を生み出したともいわれます。

「僕らは芸能人の〝寄生虫〟」

よくこの言葉を井上さんは口にしますが、これは真意でもあり、少しは謙遜もあり、でも、やっぱりちょうどフィットする真意です。そんな言葉として井上さんは使っていると感じ、そのエッセンスを、僕は間近で見てきました。

僕がＳＮＳで受けたクレームに対して……

そして、僕自身の要素も足したうえで、僕が芸能記者として目指すべき領域。それは、〝触媒〟だと思っています。

闇営業騒動に渦中にあった相方《あいかた》への思いと再生への道筋を、「ロンドンブーツ１号《ごう》２号《ごう》」田村淳《たむらあつし》さんに聞く。

申告漏れの問題から仕事復帰するときの思いを、「チュートリアル」徳井義実《とくいよしみ》さんに聞く。

コロナ禍《か》での行動にバッシングを受けていた石田純一《いしだじゅんいち》さんに思いを聞く。

松竹芸能を退所し、ＳＮＳなどで逆風が吹いていた「ＴＫＯ」木下隆行《きのしたたかゆき》さんに思いを聞く。

これまでも、そういった原稿をヤフーの拙連載などで書いてきました。SNSが主流の時代、いくらでも自分で発信できます。でも、そこに聞き手が入り、自分で絞り出した以上の思いを、文字にする。

同じお好み焼きでも、家で作るものとお店で食べる物とでは、味が全く違う。その差を作るのが〝触媒〟としてのプロの役割だと思っています。

どこまでいっても、この文章は身内が身内のことを書いているに過ぎません。わかってもらえる話ではないでしょう。でも、綴る。綴るなら、自分が綴る。そんな、井上さんとの楔《くさび》として綴りました。

そして、身内同士のいい話なんて、つまらんものかもしれません。ただ、こういう機会なので、どこまでも恐縮ながら綴っておきます。

デイリースポーツを辞めて今の仕事を始めてすぐの頃、SNSで僕がもめたというか、苦情を受けたことがありました。

こちらの言動をよしとしないかたが、SNSでクレームを送られて、それが井上さんのSNSにも及びました。

井上さんはすぐに返信していました。

「ウチの中西が気分を害して申し訳ありません。皆さんに楽しく見てもらうのが仕事なのに、その逆のことになるなんて本末転倒。あってはならぬことです」

ただ、そのあと、個人的にメールが届きました。

「何があろうが、お前のことを信じているから」

この人についていってよかった、と思いました。

それ以上でもそれ以下でもない48歳。

井上公造

1956年生まれ、福岡県出身。KOZOクリエイターズ所属。西南学院大学商学部卒業後、フリーライター、竹書房編集長を経て、サンケイ新聞社に入社。サンケイスポーツ文化社会部記者として、事件・芸能取材を担当。86年、梨元勝氏の「オフィス梨元」に入り、芸能リポーターに転身。「モーニングショー」（テレビ朝日系）などにレギュラー出演。その後、フリーとなり98年、「有限会社メディアボックス」（現在「株式会社KOZOクリエイターズ」）を設立。2022年3月末をもって芸能リポーターを引退することを発表した。

おわりに

しんどかった。本当にしんどかった。

それがこの執筆期間の思いでした。

「中西さんのなかでの当たり前。でも、実は、それは当たり前ではなく、〝お宝〟なんですよ」

そんなことをマキノ出版の編集者さんから言っていただき、特段、変わっていると も思わずに積み重ねてきた自分の時間に値段がつく。そして、値段がつきそうなもの を倉庫から出してくる。

「開運！　なんでも鑑定団」（テレビ東京系）的世界観を自ら構築しながら、あーで もない、こーでもないと唸《うな》り続けた時間が終わりました。

また、編集者さんからは〝お宝の示唆〟以外に、もう一つ、この本を刊行する意義 をもらっていました。

〝芸能記者〟という仕事の真価を見せる――。

難しくも、非常に心打たれる言葉でした。

僕の職業は芸能記者です。わかるような、わからんような職業かもしれません。ただ、記す者と書く以上、書くのが本業です。一方で、テレビやラジオなどのメディアに出していただくことも、多々あります。

「テレビで芸能ニュースのことをしゃべる人」というカテゴライズから〝芸能リポーター〟という肩書きで呼んでいただくこともあります。

ただ、僕はその呼び名に、正直、大いなる違和感を覚えます。

大きな理由としては、僕がいわゆる芸能リポーターさんのように、囲み取材でマイクを持って芸能人に質問して……。なんて仕事を、ほとんどやったことがないから、があると思います。

もちろん、大きな意味での取材のやり方や人脈の築き方など、スキルが重なっている領域もあります。

ただ、番組によっては、「囲み取材のときに、ほかのリポーターに負けずに質問をねじ込むコツは？」「いい並び位置をゲットする裏ワザは？」「リポーター同士のチームプレーには、どんなものがあるか？」など、芸能リポーターさんの固有スキルに関する質問を訊《たず》ねてこられる場合もあります。

なんの疑いも逡巡《しゅんじゅん》もなく、真正面から僕に〝芸能リポーター界のルール〟を訊ねてこられた場合、僕の心のなかにある澄み切った小川のせせらぎが、氾濫《はんらん》します。

そんなもん、知るかぁ！　わしゃ、そんなんしたことないねん！

ケーキ屋に突撃してパティシエに「カツオ節作りの極意は？」って聞くか⁉　ほんでまた、仮にパティシエが答えたその〝極意〟にどんな意味があんねん‼

本音の発露、筆の暴走、失礼しております。でも、これが正味の思いでもあります。「ま、そんな感じでもいいんじゃないの？　目くじら立ててるところではない」という考えもあるのかもしれません。

ただ、この〝書く〟ことで結果を出していく。形を残していく。それが僕のアイデンティティであり、今後、あらゆる扉を開けていくカギにもなる。

だからこそ、なんとなくの空気に流されず、「中西正男《なかにしまさお》という商品は、こういうものです」という個を打ち出すためにも、ここは強くこだわってきました。その大きな一歩として、今回、この本を出すという機会をいただきました。

テレビやラジオでたくさんおしゃべりもさせてもらうが、何より、書き手としてしっかりと結果を残していく。書くことを軸にしながら、書き手ならではのおしゃべりも構築する。

小さな世界ですが、記者を軸にした二刀流を確立する。それが今後、僕の目指すべき方向性だと思っています。

僭越《せんえつ》の極みながら、我が師匠・井上公造《いのうえこうぞう》（３０４ページ参照）さんは、それまでは芸能人との対立構図が一般的だった芸能マスコミ界に、〝共存〟〝融和〟という新たな発明を生み出しました。それにより、次世代の扉を開きました。

弟子が師匠にできる唯一の恩返しは、師匠を超えることです。

漫画「美味《おい》しんぼ」には、天ぷら屋さんを舞台に、弟子が師匠を超えるくだりを描いた話があります。

名人といわれた先代から店を引き継いだ二代目は、なんとか師匠を超えたいが、なかなかお客さんの評価はままならない。

そこで、二代目が取った策が、「先代を確実に超える一品を作る」でした。最後の締めに出てくる天丼に添えるぬか漬け。これをぬかから厳選して、すさまじいクオリティの物を作る。

そのことにより、お客さんからは「腕を上げたね」という言葉をもらい、その賛辞が天ぷらや店全体の評価にもつながっていく、という話でした。

僕にとっては、書くことが〝ぬか漬け〟だと思っています。だからこそ、疎《おろそ》かにはできないし、そこをなんとなくでは済ませられません。

普通に見たら「知らんがな」ど真ん中の話であるとは思いますが、この本を手に取ってくださっている皆様の優しさに甘えて、綴ってみました。ただ、全部、本当の思いです。

全部書き終えても、やっぱり、やっぱり、感謝、感謝の48歳。

著者記す

中西正男（なかにし・まさお）
1974年生まれ。大阪府出身。立命館大学卒業後、1999年、株式会社デイリースポーツに入社。芸能担当となり、お笑いを中心に宝塚歌劇団などを取材する。「上方漫才大賞」をはじめ、数々の賞レースで審査員も担当。2012年に同社を退社し、井上公造氏が代表を務める株式会社ＫＯＺＯクリエイターズに所属。直接の対話をもとに、芸能人の真の姿を取材し続ける。若手からベテランまで、芸人との幅広い交友関係を持つ。「Yahoo!ニュース 個人『オーサーアワード2019』」で特別賞を受賞。また、「チャートビート」が発表した「2019年で注目を集めた記事100」で世界８位となる。Yahoo!ニュース、AERA.dot、婦人公論.jp、東洋経済オンラインで連載中。「上沼・高田のクギズケ！」（読売テレビ・中京テレビ）、「朝生ワイドす・またん！」（読売テレビ）、「キャッチ！」（中京テレビ）、「松井愛のすこ～し愛して♡」（ＭＢＳラジオ）、「ウラのウラまで浦川です」（ＡＢＣラジオ）などにレギュラー出演中。

公式 Twitter @nakanishimasao
公式 note「全てはラジオのために」 note.com/masaonakanishi

ブックデザイン　相原真理子
イラスト　芦刈将
企画協力　株式会社KOZOクリエイターズ、馬場麻子（吉本興業株式会社）、内田諭（ヤフー株式会社）
Special Thanks　日々、笑いを届ける芸人の皆様
編集　廣瀬圭太（マキノ出版）

なぜ、
この芸人は売れ続けるのか？

2023年1月9日　第1刷発行

著　者　中西正男
編集人　高畑　圭
発行人　室橋一彦
発行所　株式会社マキノ出版
〒103-0025
東京都中央区日本橋茅場町3-4-2
ＫＤＸ茅場町ビル４階
電話 03-5643-2410
ホームページ　https://www.makino-g.jp/

印刷・製本　奥村印刷株式会社

ISBN978-4-8376-1449-4